# 不思議な山名　個性の山名

山の名前っておもしろい！

大武美緒子 Mioko Otake 著
中村みつを Mitsuo Nakamura 絵

JIPPI Compact

実業之日本社

# はじめに

地図を眺めていてうれしくなる瞬間があります。それはちょっとおかしな山の名前に出会ったり、とてもきれいな響きの山の名前を見つけたりしたとき。青森県の「山風森《やまかぜもり》」という山。なんて素敵なんだろう。つけた人に会いたい。ここに立ちたい、と思ったものです。

もう10年以上も前になりますが、山岳雑誌の編集をしていたころに「山名考」という山の名づけや雑学について紹介する企画をつくったことがあります。マニアックなテーマだから読者からの反応は薄いかなと思っていて、わたし自身も編集部としてもチャレンジ企画だったのですが、おもいがけずたくさんの反響をいただきました。とくにカンカン山、ぶざま岳、泣面山《なきつらやま》など、珍山名をずらっと並べた「おまけ」としてつくったページに、「おもしろかった」という声を多数いただき、とてもうれしかったことを覚えています。

それから20年以上が過ぎ、山を取り巻く環境、とくに登山者のイメージは驚くほど変わりました。当時は中高年の登山ブーム隆盛期で、20代女性は、希少種⁉的な扱いでした。いわゆる山ガール・登山ブームに終わらないそれぞれのものさし、楽しみ方で山とかかわりを持ちつづける女性が（もちろん男性も）増えていて、いいなあと思います。

山の個性を楽しむのもその楽しみ方の一つ。ちょっとだけその土地の歴史や文化を知り、日本人が大切にしてきた、人と山のかかわりを想像しながら歩く。そこから見えてくる山の輪郭。何度も同じ山を歩いたり、麓で一泊して街歩きをしてみたり、ときには地元の図書館にこもってみたり。そんな山歩きに、「山の名前」をキーワードにプラスしてみました。わたしの場合は、そんなふうに歩いていると近づくのです、山に。まるで会いたかった友に会えたときのように。

地名研究家や登山文化史研究家でもない、わたしがたどった山の名前のものがたりは、それらの方の業績をおかりしながら、たどたどしくたどる道のりで、深くて広い山名の世界のほんの入口にすぎません。でも、いつも見てきた山の風景が変わってしまうようなエピソードに出会えたり、いつか行きたいという山が増えたり、うれしいことがたくさん。これから皆さんと一緒に山を歩いているつもりで、山の名前のものがたりをたどっていけたら、と思います。歴史を知り尽くしたご近所のちいさな山。歩いたことはないけれど、名前が最高に好きな憧れの山。だれかに教えたくなる山名由来の山。そんな山が増えたら素敵ですよね！

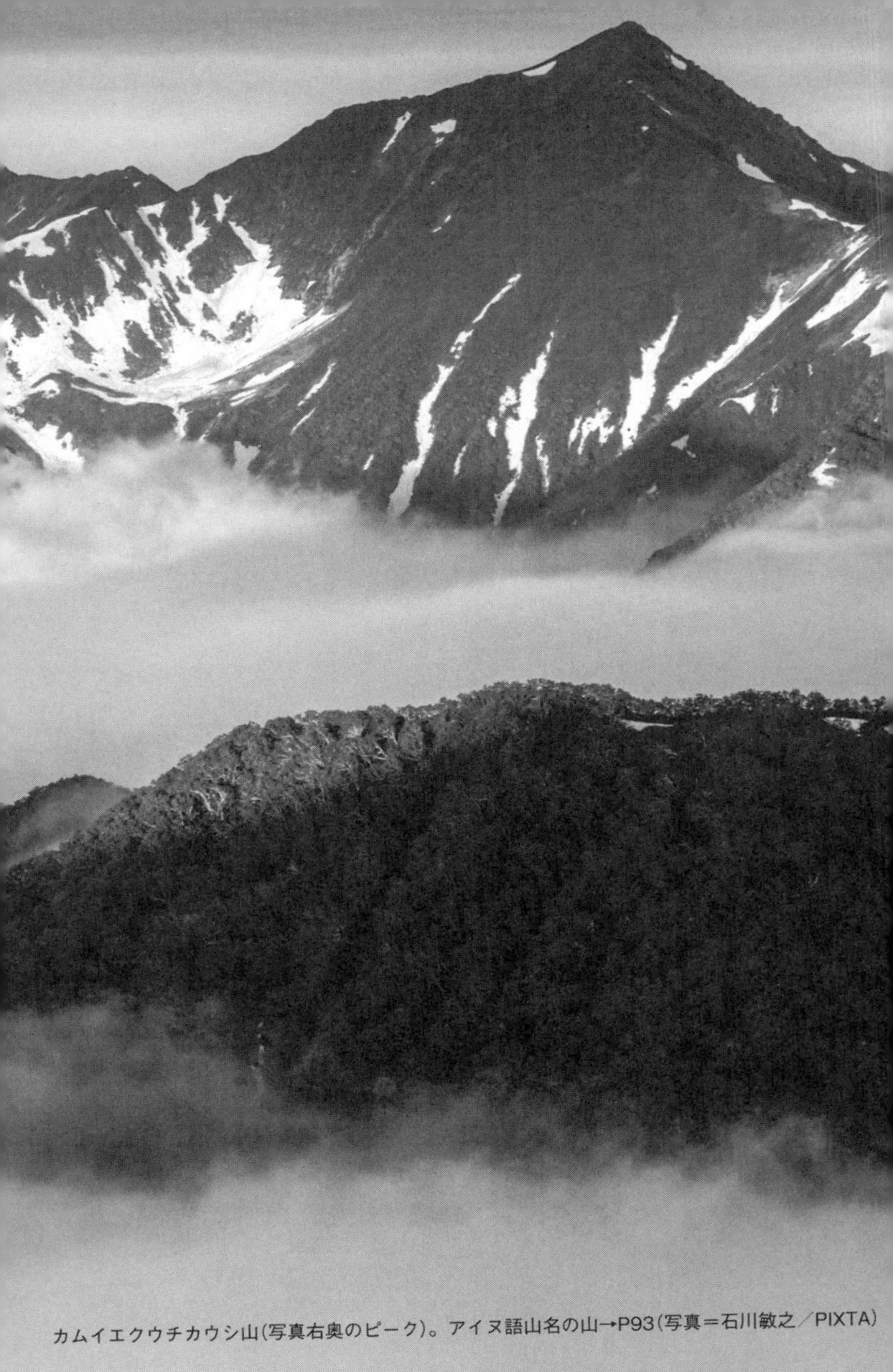

カムイエクウチカウシ山(写真右奥のピーク)。アイヌ語山名の山→P93(写真＝石川敏之／PIXTA)

# 不思議な山名　個性の山名

山の名前っておもしろい！

目次

# 第二部　全国・素敵&珍山名コレクション



＊アイヌ語地名の表記について：日本語にはないアイヌ語の発音（語尾が子音で終わるときの閉音節など）を表わすにはカタカナの小文字を用いるのが正しい表記法とされていますが、一般向けの本書では読みやすいよう大きさを変えずに表記しています。

第一部

# 山の名づけのものがたり

# やま／さん／せん／がく／だけの違いって？

羽田空港から山陰に向けて飛び立ち、運よく外の風景がクリアに眺められるコンディションの日、下界を見下ろせば、日本列島は山、山、山。幾重にも山のひだひだが続いています。山にかこまれ、かろうじてある平地に家々が軒を連ねて。隣の集落に行くには、山を越えて、峠を越えて……。この国では、山は人の生活とゆるやかにつながり、信仰、思想、文化、生活の中核をなしてきました。生活の糧を得る山、神が降臨する山として、山を歩き回り、ときには立ち入りが許されない神聖な場所として遥拝してきました。古来の自然崇拝、山岳信仰をベースに、さまざまな信仰形態が生まれたのも、日本の山が個性豊かであるからでしょう。たおやかな山、峻嶮たる山、ひとつとして同じ山はなく人それぞれの原風景として、山はいつも私たちの暮らしのそばにありました。

日本はお国ことば、方言も多彩。こうして山と谷、その隙間に寄り添うように生きる人の営みの形を空から眺めていると、やま、さん、せん。岳に森に丸。山名の呼び方も、テレビもネットもない時代、地方によって呼び方が変わったり、ある地方に突出して見られたりする山名があるのも当然でしょ、と思うのです。

一方で、東北と九州、関東と近畿など、遠く離れているのにもかかわらず、日本中に同じ名前の山があります。全国にちらばっている山も。丸山《まるやま》、城《しろ(じょう)》山《やま》、遠見山《とおみやま》、駒《こま》ヶ岳《たけ》に、阿《あ》弥陀岳《みだだけ》、薬師岳《やくしだけ》。日向山《ひなたやま》に秋葉山《あきばやま》……。それに、日本が世界に誇る最高峰、富士山の名を冠した山もあちこちに。

アイヌ語の叙情歌のような響きにまず魅せられ、へんてこりんな珍山名がたくさんあって、とくにガボッチョ、カニカン岳、バックリ山、鼻毛峠などなど、いったいどうしてこんな名前つけちゃったのよ⁉　と吹きだしてしまったのが、わたしが山名に興味をもったきっかけなのですが、山名の深遠なる世界へいざ踏み込むには、これらのことを少し整理してみると、入口が見えてくるかもしれません。

そこで、まずはアプローチに「山」という漢字を調べてみました。

以前、北アルプスの槍《やり》ヶ岳《たけ》山荘でひと夏、アルバイトをしているというイギリス人留学生と、山岳雑誌の取材で鳥海山《ちょうかいさん》を訪れる機会がありました。そこで尋ねられたのです。

「チョウカイサンにクモトリヤマ（雲取山）に、ヤリガタケ（槍ヶ岳）。ヤマにサンにタケどうして、日本は山の呼び方がいくつもあるの？」

「日本の漢字には音読みと訓読みがあってね……、」と説明した記憶がありますが、じゃあ、大山《だいせん》に氷ノ山《ひょうのせん》の「せん」はなんなの？　と説明がつかない。そこで、漢字辞典をひっぱりだしてみると……。

「せん」という読み方は、「さん」を「漢音」というのに対して、「呉音《ご》」と呼びます。歴史で、遣隋使《けんずいし》、遣唐使《けんとうし》という言葉は習った記憶がありますよね。日本は、統一王朝である隋、唐に、多くの留学生や留学僧を送りました。それらの人によって持ちこまれた唐の文化を受け入れるようになります。「最先端の文化はこれ！」ということだったのでしょう。最澄と空海が唐から帰国し、日本の仏教に大きな影響を与えたのもこの時です。

唐の文化を取り入れる流れのなかで、792（延歴11）年、桓武《かんむ》天皇が、それまで使っていた呉音を改めて、漢音を正式の読み方とするように定めました。ところが、呉音に慣れ親しんでいた僧侶達が、その通達に反発します。当時は、僧侶はとても社会的に力を持っていたんですね。寺院などでは、「呉音」が使われ続けた結果、仏教用語に呉音が生き続けてきました。

たとえば、建立＝こんりゅう。大仏建立の「こん」は呉音です。ほかにも、文書の「もん」、ご利益の「やく」なども呉音が残った例です。

それでは、「やま」はというと、登山文化史研究家・谷有二が著した『山名の不思議』（平凡社）によれば、漢字が日本に伝わる以前、文字を持たないころから人々は「やま」と呼んでいたらしい、ということです。大陸からもたらされた漢字の山に、「やま」という和訓をつけた。ビルマでは、山のことを「ｙｏｍａ」と発音するのも興味深いところです。

日本の山岳信仰の霊場であった山には、「せん」という呼び方の山が多くあります。紀伊半島、大峰山脈の弥山《みせん》、広島・厳島《いつくしま》神社の弥山《みせん》、鳥取県の大山《だいせん》など。僧侶たちが漢音の「さん」を受け入れなかったことと、関係があるかも？　と思いますが、山陰地方には、信仰の山とはされていない山、たとえば「氷ノ山」「蒜山《ひるぜん》」など「せん」が使われている山が集中しています。一概に僧侶たちが反発したから、ともいえないようです。

やはりこの地域に住む人たちが、遣唐使によって漢字の正音とされる「さん」＝漢音が持ち込まれる遙か前から、呉音を使って「せん」と呼び、長岡京（現在の京都府）から発せられた桓武天皇のお達しが山や谷に隔てられ届かなかった。それほど当時の山陰地方＝出雲の国には、濃厚な文化があったのではないかと思うのです。

「岳」という漢字は「高い山」という意味で、漢音、呉音ともに、「ガク」とされています。「たけ」は日本でつけられた訓読みで、背丈をあらわす「タケ」、真っすぐに上に伸びる竹にも関連があるといわれています。槍ヶ岳、剣岳など日本アルプスに代表されるように高い山につけられているようですが、そうともいえないようで、「岳」（嶽）の占める割合が多いのは、沖縄県の55%、鹿児島県の44%、長崎県の40%と日本の南西が多いとのデータがあります（『日本山名事典』三省堂より）。

音・訓読み、さらに音読みにも、漢音と呉音があって……、日本が大陸からの文化を受け入れ、日本の文化とまぜこぜにして今に至る……という日本の文字文化の好事例が「山」という字といえるかもしれません。

当時はイギリス人青年にきちんと説明できませんでしたが、漢字を猛勉強中というその日本びいきの青年は、「そのあいまいさが素敵だ！　そうすると鳥海山はチョウカイダケでもいいいね！　いや、やっぱりチョウカイサンのほうがしっくりくるかな」と興奮していて、逆に日本人のわたしが「なるほど～」と思ったことを覚えています。そしてこのイギリス人青年との山行が、わたしが山名に興味を持つきっかけの一つにもなったのでした。まだまだありますす。日本ごちゃまぜ文化。「森」「丸」については次の項で。

# 山なのに森？

東北の山の地図を眺めていると、○○森という山名がとても多いことに気づきます。七ツ《ななツ》森という山は、宮城県黒川郡大和町、福島県福島市、福島県伊達《だて》郡桑折町にも。二《ふた》ツ森にいたっては、東北だけで18山。接尾語が重複してつけられたのでは？　と思える二ツ森山も東北に9山。八幡平《はちまんたい》周辺に目を向けると嶮岨《けんそ》森、八瀬《やつせ》森、大黒《だいこく》森などなど。

一方、四国・石鎚《いしづち》山脈にも森地名が散見されます。瓶《かめ》ケ森（愛媛県西条市／高知県吾川《あがわ》郡いの町）、堂《どう》ケ森（愛媛県西条市／上浮穴《かみうけな》郡久万《くま》高原町）など10山以上です。

登山文化史研究家の谷有二は著書のなかで、「森」地名について、「神を祭る場所であり、墓場なのである」「信仰の共同文化圏にある、お隣の朝鮮半島では、今でも墓をモイと呼び、山をモイと呼んで、完全に墓＝山の思想を持ち続けている」としています（『山名の不思議』平凡社より）。

古代の日本人は、死者の霊が集まり、また神様を祀る鎮守の森があって、そこから山の上に登ると信じていました。埋葬を「山仕事」「山揃え」、屍をくるむ御座《ござ》を「ヤマゴザ」と呼びます（『民俗語彙データベース』国立歴史民俗博物館）。さらに、越後三面《みおもて》地方では、「死ぬ」というのを「山詞《やまことば》になる」、高知市では、出棺のさいに「山行き」と叫ぶそうです。これは、山岳信仰の基盤となる観念です。

そこで、森＝山という意味について、につながりますが、前述の谷有二の著書では、「自分たちの身近に死者の霊と神を祭祀する鎮守の森があって、そこから、霊と神は山の上に登るのである。その登った場所も森である。（中略）この発想によって、長い間に山を森と呼ぶ習慣が生まれ、のちに信仰云々とは離れて、地域的に森が山上に点々と分布していった可能性がある」としています。

東北の青森・秋田・山形の日本海側では、この観念を身近な山と具体的に結びつけたモリノヤマ信仰、福島・茨城の太平洋側に走る南北の山脈、阿武隈《あぶくま》山地や山形の庄内地方では、ハヤマ信仰が人々に根づいていていました。

どちらも、人が死ぬと村の近くの森や小さな山にしばらくとどまり、その後岩木山《いわきさん》、出羽《でわ》三山《さんざん》、鳥海山《ちょうかいさん》のような高い山を登っていくというもの。この近くの小さな山が、「モリノヤマ」。そこは墓場であり高い山を遥拝する場所でもあります。岩木山の麓、岩木神社の参道脇には、「守山遥拝所」があります。東北各地に残る○○森という山は、モリノヤマ信仰、ハヤマ信仰における「死者が集まる森・山」と考えることができます。阿武隈山系には、羽《は》山《やま》、葉山《はやま》、麓山《はやま》という山名が残り、そのいずれもハヤマ信仰からの転訛とされています。

こうした土着の信仰は、仏教と融合し現在でも祖先の霊を祀る年中行事として各地域に根づいています。モリノヤマ信仰は庄内では、鶴岡市大泉の清水の「モリ供養」、ハヤマ信仰は福島市松川町の「羽山ごもり」が有名です。

さらに、東北各地には、森から転訛したと考えられる山名もあちこちにあります。茂谷山《もやさん》（秋田県能代市、秋田県鹿角《かづの》市、秋田県山本郡藤里町にある計3山）、靄岳《もやだけ》（岩手県九戸《くのへ》郡軽《かる》米《まい》町）など、靄山《もややま》（青森県五所川原市）、靄森《もやもり》（秋田県大館市）など。日本の山名は、御岳山など、山を示す接尾語が重箱的に重なるものも多いのですが、それにのっとると、靄森山《もやもりやま》（秋田県仙北市）は、「山山山」ということに⁉

鎮守の森を切ると祟られる、昔話でもよくいわれる言葉。森は神のおわす場所であり、里を見守る山へとつながっている。麓から山を見上げ、その山を歩けば、現代に生きるわたしたちにも、違和感なく受け入れられる感覚です。

では、つづいて丹沢の檜洞丸《ひのきぼらまる》、畔ヶ丸《あぜまる》、また山梨の大菩薩連嶺《だいぼさつれんれい》のハマイバ丸、大谷ヶ丸《おおやまる》など山名の接尾語に見られる「丸」についてです。

日本は、大陸からの文化の影響を強く受けていることは、ここでは説明もいらないかと思います。中国と同様に、朝鮮半島と密接な関係にあり、日本各地で朝鮮半島から渡った渡来人がもたらした文化が残っていますね。そのひとつが「マル」と考えられています。朝鮮語で、家屋の「棟」をマルと呼びます。日本でも家屋の屋根の部分は、山の形に似ています。ここから朝鮮では、「マル」が山を示す言葉になったと考えられ、マルは「頂上」といった意味ももっています。

登山家で山岳研究・地名考に関する多くの著作を遺し大正〜昭和において日本山岳界の発展に大きな影響を与えた木暮理太郎が、言語・国語学者・金沢庄三郎の解説をヒントに唱えた説としても有名で、彼の著作『山の憶ひ出』（1941・昭和16年刊）にもその詳細が述べられています。

丹沢地方も、大菩薩のある山梨県都留《つる》地域も、渡来人が定住した集落があるとされていて、渡来人との関係が濃厚であることが想像できます。

渡来人のもたらした文化の影響は、ほかにも山名の要素に多数登場してきます。山名から歴史をひもとくと、1本の枝が、どんどんと枝分かれをしてのびやかな樹相の木に、やがて深い森へといざなってくれるような気さえしてきます。

# 山の名前はどうやって名づけられたの？

この国で、人の営みと山が深くかかわってきたことは、山名からも伝わってきます。なかには時の為政者や登山家や探検者たちが名づけた山もありますが、多くは麓から望んできた人がだれかれともなく呼び始めたものが、山名ともいえます。

本書の後半で「いったいだれがつけたの？」という「珍山名」はたっぷり紹介するとして、その前に、スター級、よく知られる山を例に、どのように名づけられたのか、ジャンル別に大きく分けて紹介してみます。ここで紹介するジャンル以外にも、色や動物など由来にはさまざまな要素があります。網羅的に解説することはできませんが、深遠なる山名世界への入口として、わたしが「なるほど！」と思った山を中心にそのエッセンスを紹介したいと思います。もともと文字をもたず、口承で伝わった呼び名に漢字をあてていったため、住む場所によってたくさんの呼び名があるのも、日本の山の特徴です。

深田久弥が著した『日本百名山』の一つで、山に登らない人でも知っているという超スター、北アルプスの「槍ヶ岳」だって、文政年間（1818〜1830年）に描かれたとされる史料（飛騨新道見取図）には、「八里ヶ岳」と書かれていたこともあるんですよ。

著名な山が、昔はこんな字で書かれたこともあるという例をいくつかあげてみます。

●**白馬岳＝代馬岳**　そんなこと知ってる。といわれそうですね。詳細はP36で

●**大天井岳＝御天照岳（南安曇郡誌）**　だいてんじょうだけともいわれます。その由来は？
↓P24へ

●**蝶ヶ岳＝頂嶽（播隆絵図）**　民謡の『安曇野節』にもその由来が登場する山。雪形が由来のはずですが……。「いただき」という漢字になっています。雪形からつけられた山↓
P36へ

●**富士山＝不二山、不知山、富滋……**、万葉の歌人は上記以外にもさまざまなフジの字をあてました。日本人の心の源泉ともいえる富士山。呼び方だけでなく、各地にはあまたの富士山が……。↓P104へ。富士山の別名はきりがないほど。「富士山」という表記が初めて文献に登場するのは、菅野真道《すがのまみち》によって編纂された『続日本紀《しょくにほんぎ》』とされています。

# 山の形や地形から名づけられた山

## ゴロゴロ五郎さん

**野口五郎岳**《のぐちごろうだけ》　富山県富山市／長野県大町市　2924m

**黒部五郎岳**《くろべごろうだけ》　富山県富山市／岐阜県飛騨市・高山市　2840m

山行歴だけはやや長いわたしは、この山名はもはや聞き慣れてしまったのですが、山を登り始めたばかりの友人が、憧れの北アルプスに野口五郎の名前を見つけたとき、「山田太郎岳、斉藤次郎岳ってのもあったりするの？　人の名前をつけるのもわかるけど、フルネームっていうのは、どうなの？」

たしかに……。同じ北アルプスには、黒部五郎岳もあります。野口五郎岳は、烏帽子岳《えぼしだけ》から野口五郎岳をへて、水晶岳《すいしょうだけ》、鷲羽岳《わしばだけ》、槍《やり》ヶ岳《たけ》へいたる通常4泊5日の縦走路、「裏銀座コース」中の山で、稜線上にはゴロゴロとした岩が転がっています。直接登る登山道も、下山道もなく、この山に登るには、山を越え長い縦走路を歩かないとたどりつきません。

黒部五郎岳は、飛騨山脈北部。東面に大きなカールがあり、どちらも「北アルプスのまっただなかにいます！」と感じさせる山です。

「五郎」の語源はゴーロ。ゴロゴロとした岩がある地形を猟師や杣人《そまびと》がゴーロと呼んでいるのですが、そこから来た山名です。二つの五郎岳を区別するために、野口村（現在は大町市）から仰ぎ見る山を野口五郎岳、富山側黒部村（現在は富山市）、黒部源流に位置する五郎岳を黒部五郎岳としたのです。

今回調べていくなかで山名の由来よりもはるかに驚いたことが。歌手の野口五郎さん（本名＝佐藤靖）は岐阜県美濃市出身で、この野口五郎岳から芸名をなづけた！　とのこと。えーっ⁉　黒部五郎も候補にあがっていて、どちらかを選ぶなら高い方がいい、と2924mの野口五郎と決まったそうです。

# 天へとつきあげる天井

## 大天井岳　おてんしょうだけ　長野県大町市・安曇《あづみの》野市・松本市　2922m

常念《じょうねん》山脈の最高峰で、山頂からは槍《やり》ヶ岳《たけ》や穂高《ほたか》連峰が一望のもと。野口五郎岳《のぐちごろうだけ》が槍ヶ岳の裏銀座コースのまっただなかであれば、こちらは表《おもて》銀座コースのどまんなか。一度は歩いてみたい、登山者憧れの縦走路、また常念岳方面への縦走路の分岐でもあり、北アルプスのカナメとなる山です。

呼び名は「おてんしょう」。漢字のとおり、天井のように高い堂々たる姿から「大」をつけて、大天井となったとされています。明治末期から大正には、この山はさまざまな表記がされ、御天照、御天上とも書かれていました。資料によっては、おおてんじょうは誤読、とされているものもありますが、山頂直下にある「大天荘《だいてん》」のウェブサイトには、「安曇野から見た最高峰が大天井岳です。高いところには神様がいるという意味で御天所（おてんしょ）。高いという意味で大天井（おおてんじょう）の二つの意味を持ち、「オテンショウダケ」または「オオテンジョウダケ」どちらでも正しい読み方です」とあります。わたしも、

大天井岳と直下に建つ大天荘

得意げに「おてんしょうですけど」と言ってしまうところでした。何世代にもわたり山に住まい、山を守る山小屋からの情報は貴重で、尊重したいと常々思っています。山小屋に泊まるさいに、もしご主人やスタッフに少し手のすいた時間があったら、（これはとても慎重にタイミングをはかります。なんてったって多忙ですから）「この山の名前の由来は？」と尋ねてみることにしています。資料では見つけられない生きたお話を聞くことができ、その時代に行き交った山人たちの声が聞こえてくるようで、今日歩いてきた道ががぜん、いきいきとしだすのです。

西に目を移すと、こちらはおおてんじょうと読みますが、奈良県の大峰山脈北部にも大天井ヶ岳が（1439m／奈良県吉野郡川上村・天川村・黒滝村）。兵庫県姫路市にも、標高800mの大天井岳があります。

# 神がおわす天空の田んぼ

**苗場山** なえばさん　新潟県南魚沼郡湯沢町・中魚沼郡津南町／長野県下水内《しもみのち》郡栄村　2145m

上信越高原国立公園の最北端に位置します。山頂部には、南北約5㎞、東西約2㎞の高層湿原に、無数の池塘が浮かび、山上庭園をつくりあげています。イグサ科の高山植物のミヤマイが湿原に苗代のように緑の芽を出し、秋には草紅葉が稲の実った田んぼのように見えることから、「苗場」の名がつきました。この池塘は、近年の堆積物調査によれば、約700年も前から形成が始まったものと考えられているそうです（苗場山麓ジオパークウェブサイトより）。鈴木牧之《ぼくし》が江戸時代末期に、『北越雪譜《ほくえつせっぷ》』のなかで「絶頂に天然の苗田あり」と記すそのさまは、まさに神々がつくった奇跡の庭、神の遊ぶ庭と感じずにはいられない光景で、ここが信仰の山として栄えたのにも納得してしまいます。

山頂には平安時代の延喜《えんぎ》式神社である「伊米《いめ》神社」が稲作の神様として祀られています。小さな祠が置かれた拝所だけがあるとてもシンプル、原始的なもので、かえって厳かな気持ちにさせてくれる場所です。

天然の苗田と称された苗場山山頂湿原

山麓の人々は、苗場講を組織して、この山に参拝登山してきました。山頂に神の苗代田が広がる苗場山は、その地形からつけられた名前ですが、農耕の神様としても、庶民を見守ってきたのです。現在、この地は日本が誇るブランド米、魚沼コシヒカリをつくる米どころ。おいしいコメに苗場山の神あり！　かもしれませんね。

山頂にある伊米神社
（写真提供＝苗場山麓ジオパーク振興協議会）

# 建築用語あれこれ

**四阿山** あずまやさん　長野県須坂市・上田市／群馬県吾妻郡嬬恋《つまごい》村　2354m
**高妻山** たかつまやま　新潟県妙高市／長野県長野市　2353m
**破風山** はふさん　埼玉県秩父市／山梨県山梨市　2318mほか全国に4山（破風岳含む）
**家形山** いえがたやま　山形県米沢市／福島県福島市・耶麻《やま》郡猪苗代町　1877m

右の四つの山名。どれもすべて山容が屋根の形、家の形に似ていることに由来します。登山道の途中の休憩ポイントにもよく建つ四阿＝あずまや。四阿の文字は、古く中国の宮殿が、四面屋根の形式だったから。「阿」は、屋根のひさし部分を指すので、四つのひさしという意味。建築関係や大工さんでないと知らない人も多いですよね。そして、「切妻造り」の屋根を支える面の部分を「妻」と呼ぶそうです。高妻山の妻はここから。端正なピラミッドをした形で、文句なしで「妻」ですね。破風も、建築用語の一つ。切妻屋根の端につける山型をした板を「破風」と呼ぶそうです（左図参照）。

家形山はそのまんま文字通りです。でも、埼玉県秩父郡小鹿野《おがの》町の四阿屋山《あずまやさん》、長野県東筑《ちく》

摩《ま》郡筑北《ちくほく》村の四阿屋山《あずまやさん》は、写真で見るかぎりでは家形にはどうも見えませんでした。違う方向から見たら見えるのか？　宮城県仙台市の家形山、福島県耶麻郡北塩原村には家森山も。皆さんの目には家、もしくは屋根の形に見えますか？

ともに切妻屋根の建築用語由来の高妻山（左のピーク／写真上）と破風山（写真下）

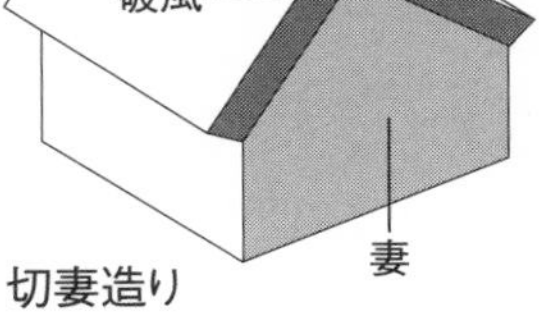

## まるで流氷を砕いていく砕氷船

**荒船山**　あらふねやま　長野県佐久市／群馬県甘楽《かんら》郡下仁田町・南牧《なんもく》村　1423m

ヤブと岩の混じった登山道や、地図読みが必須の山々が連なる渋好み通好みのエリア、西《にし》上州《じょうしゅう》において、ひときわ威容を放つ山。南北約2km、東西約400mの平坦な頂上部と、垂直に200m切れ落ちる崖の山容が、波を割って進む船を思わせることからついた名前です。一度その山容を目にすると納得ですが、そのイマジネーションがかっこいい！

## 高原状の台地からなる

**大台ヶ原山**　おおだいがはらやま　奈良県吉野郡川上村・上北山村／三重県多気郡大台町　1695m（日出《ひで》ヶ岳《たけ》）

紀伊山地を南北に走る台高《だいこう》山脈の最高峰。高原状の台地とこれを取り巻くいくつかの峰を総称した山名で、東大台と西大台とエリアを分けて呼び、「広大な台地」という意味からついた名前。原生林が続く西大台は、複雑な地形と霧の多い気象条件から、迷いやすい「魔の山」「迷いの山」と呼ばれ、近世まで未開の状態でした。ここを晩秋に歩いたとき、敷き積もる落ち葉と苔むした森のなかは、美しいという感覚を通りこして幽玄さに鳥肌が立ち、すこし恐ろしさを感じるほど。「魔の山」という呼び名がしっくりくる道でした。

まさに荒船。荒船山のダイナミックな山容

立ち枯れた木が独特の景観をつくる大台ヶ原山の正木ヶ原

「山の形からつけられた山名」についてもう少し

# 日本で一番多い山名は？

『日本山名事典』（三省堂）をもとに、と山好きさん御用達の地図ソフト「カシミール３D」（杉本智彦作成）で検索も加えて日本で一番同名の多い山名を調べてみました。

**１位＝城山《しろ(じょう)やま》　２９８**（〇〇城山など城山を含む山名は含まない）
**２位＝丸山《まるやま》　１８７**（円山　24）
**３位＝愛宕山《あたごやま》　１２２**

１位の城山は、昔、城が築かれたという史実にもとづくもの。２位は山の形からつけられたもの。３位の愛宕山は火伏《ひぶせ》の神様を祀った山岳信仰にもとづくもの。山名由来の三大テーマがベスト３となりました。

丸山は、山頂部がまあるい形をしたものと大別するといえます。

山の形からつけられた名前で、同名の山がたくさんあるほかの山は左図のとおり。袴腰山《はかまごしやま》（岳）は、袴の腰にあたる部分、男性が入れる腰板の形が由来となっていて、台形をしています。ごはんを盛ったようなかたちの飯盛山《いいもり(めしもり)やま》のほかに、おにぎり山なんていうかわいい名前も！（大分県玖珠《くす》郡九重《ここのえ》町　１０８３ｍ）。この山、山好きな方がブログでアップされたいくつかの写真を見ると、三角おにぎりに見えなくもありません。こんな山を地図上に見つけた日は、もううれしくて、「わっ❤」とほくそえんでしまうのでした。

| 形からつけられた山名で同名が多い山 | |
|---|---|
| 三角山<br>（一部に三角がつく山も含む） | 37 |
| 飯盛山 | 53 |
| 尖山<br>（一部に尖がつく山も含む） | 16 |
| 袴腰山（岳） | 27 |

富山県南砺市の袴腰山（1165m）
（写真提供＝城端山岳会・岸英治）

おにぎり山（手前のピーク）（写真提供＝九重町）

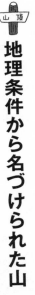

## 地理条件から名づけられた山

### 山名から想像しやすい♪

**遠見山**《とおみやま》　山梨県山梨市　2234m　ほか全国に18山

**遠見岳**《とおみだけ》　長崎県対馬市　379m　ほか全国に9山

展望がよく、遠く見渡せる山につけられることが多い山名です。遠見岳は、10山のうち、7山が長崎県で、江戸時代に、やってくる外国船を見張る山につけられたと考えられています。さらに、そのままズバリ「見張山《みはりやま》」も、茨城県久慈《くじ》郡大子《だいご》町（679m）と滋賀県高島市（517m）にあります。

**番岳**《ばんだけ》　長崎県南松浦郡新上五島町　443m　ほか長崎県に7山

地理条件からつけられた山の番外編ともいえますが、長崎の五島列島だけに見られる山名が番岳。江戸時代に外国船の番所《ばんしょ》が置かれたことからつけられました。

番所とは、江戸時代に、幕府や諸藩が交通の要所などに設置した監視所。必要に応じて、通行人、通航船舶、荷物などの検査や税の徴収を行いました。五島列島はまさに海上航路のカナメだったことがわかりますね。

**日向山** ひなたやま　長野県下伊那郡豊丘村　９３５ｍ　ほか全国に11山
**日影山** ひかげやま　長野県下伊那郡豊丘村　９３９ｍ　ほか全国に13山（日陰、日影森含む）

日当たりのよい山につけられます。長野県下伊那郡豊丘村の日向山北２㎞には、日影山があり、こちらは日が差さない暗い山なのかと思ってしまうけれど、この山は日がよく入る山だそう。

不思議に思い日影→影という漢字について調べてみると意外な発見が。「影」には古語で、「日・月・灯火などの光」という現代語のSHADOWとは真逆の意味がありました。「月影」は月明かりを意味します。全国の日影山も、もしかしたら日向山と同じ意味の山があるかもしれません。

# 雪形から名づけられた山

## 残雪で描かれる雪の蝶

**蝶ヶ岳**　ちょうがたけ　長野県安曇野市・松本市　2677m

里の山が萌黄色に包まれるころ、雪深い高山の雪どけが進み、白一色の世界から、山肌に白と墨の模様が現われます。それが雪形です。麓で暮らす人々は、古くからその模様を動物や農具、人に見立てて季節を知り、「田起こしの時期だ」「田植の時期だ」と農業の暦、漁を行う時期の目安として、また農産物の豊作や凶作を占うことにも利用していました。

5月、残雪の山を歩いたとき、大糸線の車窓から見た蝶ヶ岳の稜線近くに、昆虫生態研究家で自然写真家田淵行男が残した名作『山の紋章―雪形』（学習研究社）で写真を見て以来、一度この目で見てみたいと願った「雪の蝶」が舞っていました。江戸時代中期に発行された松本藩の地誌『信府統記』にも、この蝶の雪形が山名の由来であることが記されています。

雪形は、北海道から東北、北関東、甲信越、北陸、南は愛媛まで認知されていて、全国では、133山、301形が収集されています（『日本山名事典』三省堂より）。

そのうち、山名の由来となっている雪形を紹介します。蝶ヶ岳はとてもわかりやすいのですが、これは、正直いったいどう見たらそう見えるのかというものも（笑）。これを、農工具や馬をひく僧に見立てる人のイマジネーションに、またまた脱帽。自然を畏怖し交歓しながら生きてきた日本人の知恵と自然観の結晶、といってもいいのが「雪形」。誇らしくて、誇らしくてたまらない民俗遺産です。

蝶ヶ岳稜線近くに現われる雪形
（写真提供＝安曇野市観光協会）

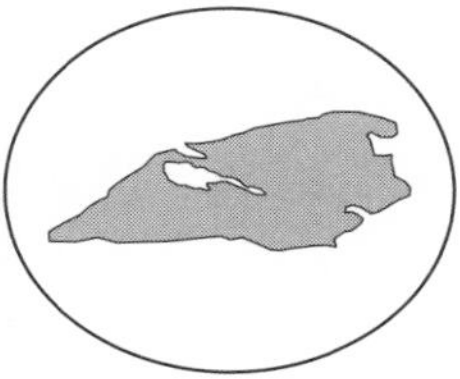

## 白馬か代馬か？

**白馬岳** しろうまだけ　富山県下新川郡朝日町／長野県北安曇郡白馬村　2932m

北アルプス北部、日本三大雪渓の一つ、白馬大雪渓を有する白馬岳は、高山植物が豊富なことで知られ、北アルプス屈指の人気コースです。わたしが最初に登った北アルプスの山も白馬岳。軽アイゼンをつけて大雪渓を慣れない足取りでたどり、登り切ったあとのミヤマキンポウゲの大群落の風景が脳裏に刻まれています。「わたしは、これからたくさんの山の稜線をたどっていくんだ」と山登りを始めたばかりの頃の高揚感も一緒に。その時、山肌の残雪の美しさにも見ほれたのですが、雪形のことは帰路についたあとに知りました。

この白馬岳には、田植えの前に田の土と水をかき混ぜて、田植えができる状態に準備するさいの「代掻《しろか》き馬」が現われます。大きくて分かりやすい雪形の事例です。この「代馬」がなぜ、「白馬」と表記されるようになったのかは、これまでもいろいろな文献で書かれています。その一つは、陸地測量部が5万分の1地形図（1913・大正2年発行）図を作成するさいに、「シロウマ」という表記を「白馬」と表記した、というもの。当時の役所が提出した調書には、「代馬」と書かれていたのか、白馬村に確認を試みましたが、「資料を確認する手だてがない」との返答でした。

時代とともに変わる地名の変遷は、各所で見られること。昔からの地名が、市町村合併などで跡形もなく消えてしまうこともあります。この代掻き馬の存在は、山と雪があるかぎり、わたしたちの前に現われてくれるはずですので、大切な土地の民俗誌を伝える証《あかし》といえるのではないでしょうか。

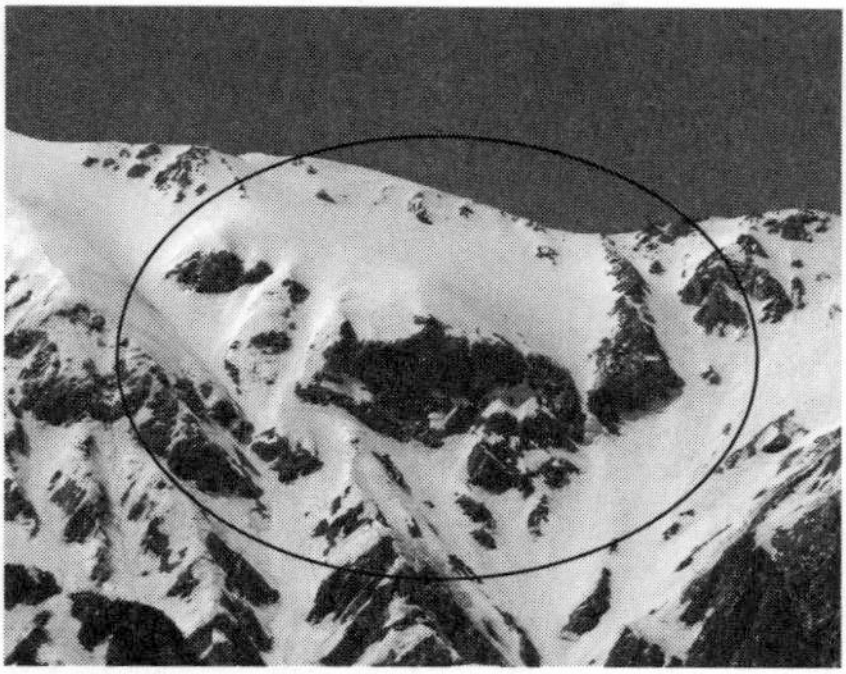
代掻き馬が現われる白馬岳

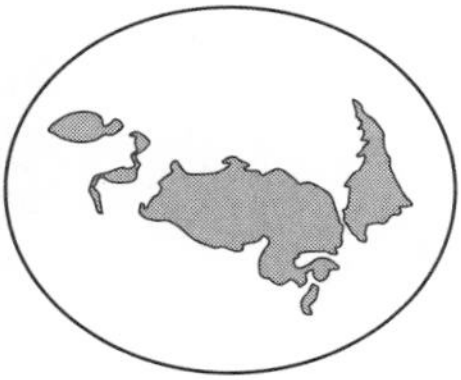

# 季節が進むと変化していく雪形絵巻

## 僧ヶ岳　そうがだけ　富山県魚津市／黒部市　1855m

地元でも、とても大切にされている僧ヶ岳の「尺八を吹き、馬を引く僧の姿」の雪形。ここの雪形のおもしろいところは、季節が進むにつれて、さまざまなに変化すること。僧や馬のほかに、「白い兎」、「鶏」、初期には「僧」の後ろに「大入道」と「猫」の雪形が現われる。やがて「大入道」と「猫」が合体して「馬」に。すごい！　残雪と山が織りなす雪形絵巻ですね。

さまざまな雪形が現われる僧ヶ岳（写真提供＝魚津市観光協会）

## 武田家の家紋がくっきり!

**五竜岳(割菱岳)** ごりゅうだけ(わりびしだけ) 富山県黒部市/長野県大町市 2814m

甲斐の国。武田家の家紋、割菱がはっきりと。この家紋は御菱といわれたことから「ごりょう」が「ごりゅう」に転訛したという説があります。この雪形を由来として、別名、割菱岳とも言われます。『新日本山岳誌』(日本山岳会編/ナカニシヤ出版)によれば、五竜岳という名は、1908(明治41)年7月に三枝威之助が初登頂して、「五竜(龍)」という字を当てたとされています。

五竜岳。割菱のマークは遠くからでもわかりやすい

# 姉妹の悲しい伝説が残る

## 人形山　にんぎょうざん　富山県南砺《なんと》市／岐阜県大野郡白川村　1726m

この山には、母と姉妹の悲しい雪形にまつわる伝説が伝えられています。「母親の病気を治そうとした姉妹が、山に祀られている白山権現様から告げられた病によく効く湯を探して山中へ。母親の病気は治り、お礼参りで再びこの山に入ったところ、修験道の行場で女人禁制でもあるこの山の神の怒りにふれ、山が荒れ姉妹は戻ってこなかった。姉妹の帰りを待つ母親が山肌に姉妹の雪形をみつけ、人はこの山を「人形山」と呼ぶようになった」。（南砺市ウェブサイトより要約）複数の神様が登場し、怒りにふれたり、雪形になったり、いろいろな要素がつまった民話。完成度が高すぎます。

人形山。姉妹が手をつなぐ姿が山肌に（写真提供＝南砺市交流観光まちづくり課）

## ここにも！　雪形が山名由来の山

**秋田駒ヶ岳**　岩手県岩手郡雫石町／秋田県仙北市（1637m）

ほか駒ヶ岳は、農耕の重要な力となる馬の雪形が由来となっているものが多くあります。

**常念岳**　長野県安曇野市・松本市（2857m）

常念坊といわれるお坊さんの姿をした雪形が現われます。

**爺ヶ岳**　富山県中新川郡立山町／長野県大町市（2670m）

種まき爺といわれる、種を蒔くおじいさんの姿の雪形。種まき児爺の雪形は、鳥海山（山形県飽海郡遊佐町・酒田市／秋田県由利本荘市・にかほ市）はじめ各地に現われます。

**農鳥岳**　山梨県南巨摩郡早川町／静岡県静岡市（3026m）

鳥の形をした雪形。富士山に現われる農鳥の雪形も有名です。

**杁差岳**《えぶりさしだけ》　新潟県岩船郡関川村（1636m）

農具の杁をかついだおじいさんの雪形が現われる飯豊連峰北部の山。飯豊山の信仰登山とは無縁で戦後登山道が拓かれました。

などなど。残雪の季節、「大地のしるし」をぜひ見てみてください。

地形図づくりのお仕事拝見

# 山名表記のギモン国土地理院に聞きました

国土地理院発行の地形図の情報は山を歩く際のよりどころとなります。山岳ガイドブックを編集していると、「むむっ、地元での呼び名と地形図の山名が違う……？」ということも。地形図はどのようにつくられているのか、茨城県つくば市の国土地理院にお邪魔して、うかがってきました。お目にかかったのは、国土地理院の齋藤勘一さんと水田良幸さん。山名はもちろん、地形図制作の中枢部・「基本図情報部　地名情報課」のおふたりです。

2万5千分の1地形図を作るには、まず国土地理院の飛行機で撮影した空中写真を「図化機」（写真を地図化する機械）にかけます。地図上の文字情報は、地元自治体に「地名調書」を提出してもらいます。調書に基づき、地図に文字を落としていく際は、目標点となる地名、山名を中心に国土地理院の担当者が地図上の情報量を調整していきます。その日見せていただいた地形図校正版には、修正箇所がびっしりと。読みやすさ、地形図としての目的を果たすための情報量の調整は、熟練の職人技の世界です。

地名の表記はすべて自治体が提出した「地名調書」に基づくもので、もし、一つの山について異なる山名、呼び方をしている場合は、自治体に協議をしてもらい、どちらを採用するか、また併記してどちらをメインの山名にするかを決める、とのこと。よく山岳ガイドブックでも表記がゆれる「ケ、ガ、岳、嶽」なども自治体の申請に基づいてすべて表記されているというお話は、意外でした。

国家機関が作成している地図は国土地理院刊行の地図のほかに、海上保安庁発行の「海図」があります。注記されている山名や位置は安全な航海にもとても重要。海図との表記の整合性をとるため、年に一度ほど会議を開き、地名、位置などの詳細なすり合わせを行うそうです。膨大な作業が想像できます。

現在は、整備が完了した地形図の改訂作業を行っていて、山名表記も一度は地元でもすり合わせ作業が済んだものが載っているわけなのですが、それでも地名は生き物。北海道の後《し》方《り》羊《べ》蹄《し》山《やま》が、倶知安《くっちゃん》町の地名変更の申請によって1953年、地形図も羊蹄山《ようていざん》に修正されたといった事例もあります。地形図が作られ改訂されてきた背景にはたくさんの山名の歴史があります。数十年後の地形図には、また新しい山名が登場しているかもしれません。

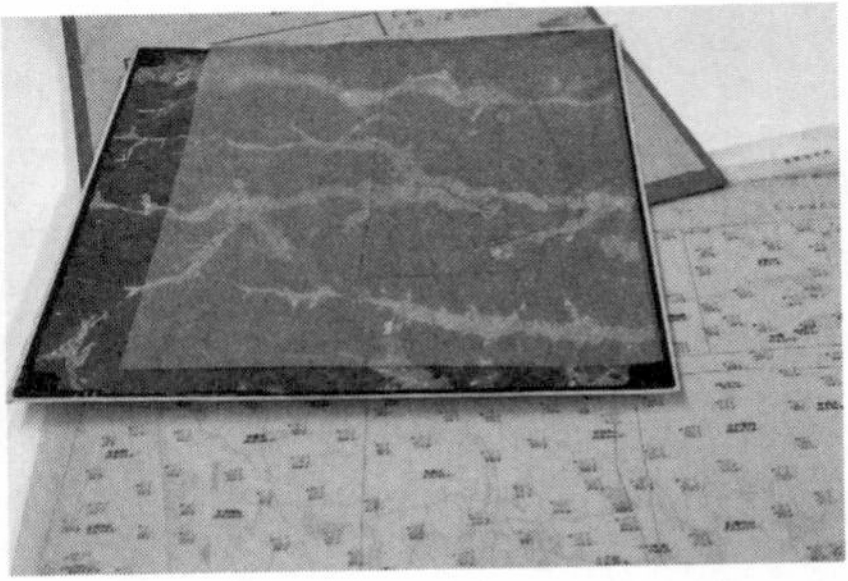

全国の地形図整備中に使用していた地形図原稿と空中写真。ここからかつては写植・印刷に回していた。

地形図作成に使用した空中写真は国土地理院にすべて保管されている。ずらっと並ぶ姿は壮観。空中写真は電子化されており、サイト上から閲覧できる。ほかにも月の地形図、伊能忠敬が作成した伊能大図彩色図も閲覧できて地図好きなら夢中になること必至
(http://www.gsi.go.jp/)

## 地形図の歴史

| | |
|---|---|
| 1883（明治16）年 | 兵部省陸軍参謀局に設置された間諜隊により一等三角点による測量を開始 |
| 1884（明治17）年 | 参謀本部に測量局を設置 |
| 1889（明治22）年 | 測量局が参謀本部陸地測量部となる |
| 1908（明治41）年 | 2万5千分の１地形図の作成開始 |
| 1915（大正４）年 | 一等三角測量が完了 |
| 1945（昭和20）年 | 内務省付属機関、地理調査所発足 |
| 1960（昭和35）年 | 地理調査所を国土地理院に名称変更 |
| 1983（昭和58）年 | 2万5千分の１地形図全国整備完了（一部離島をのぞく） |
| 1994（平成６）年 | 全国GPS連続観測施設の運用開始 |
| 2014（平成26）年 | 電子地形図25000の全国整備が完了 |

## 伝説から名づけられた山

### 織物の里を見守る織姫

**巻機山** まきはたやま　新潟県南魚沼市／群馬県利根郡みなかみ町　1967m

豪雪地帯、緑濃いゆるやかな稜線と山頂部の池塘と草原、春の山スキーや山菜採り、夏の沢登り、清水峠への縦走も人気がある越後の山の魅力を凝縮したような山で、わたしも何度も足を運んだ大好きな山の一つです。ナメの多い沢を上り詰めると、池塘とワタスゲの揺れる山上湿原へ。「まきはた」という山名の響きも加わって、この幻想的な光景が強く脳裏に刻まれています。

巻機山を有する南魚沼市は、織物の里としても知られ、深い雪が生む湿気のなかで織る麻織物「越後上布」は、越後の女性が継いできた伝統の技です。「越後上布」のように国の重要無形文化財の指定を受けている織物や、「十日町織物」のように、西陣などとともに大きく発展の途をたどったものもあります。

山麓から見上げる巻機山（PIXTA）

江戸時代に活躍した塩沢の文人・鈴木牧之は、巻機山についても記述している『北越雪譜』のなかで、越後縮《ちぢみ》（越後上布の一種）について、「雪中に糸となし、雪中に織り、雪水に洒《そそ》ぎ、雪上に曬《さら》す、雪ありて縮あり、されば越後縮は雪と人と気力相半《あいなかば》して名産の名あり、魚沼郡の雪は縮の親といふべし」（岩波文庫版より）（＊）と記しています。

さて、巻機山の伝説について。巻機山は、古くから機織り、養蚕の神がおわす山として、この地の人の信仰を集めてきました。山中で機を織るとても美しい姫と出会った、といった巻機姫伝説が伝えられていて、これが山名の由来ともなっています。山頂部の稜線には、御機屋《おはたや》という地名もあり、機織の神信仰とのかかわりを感じさせます。

＊旧仮名遣いのルビは現代仮名遣いに改め、一部省略した。

日本有数の豪雪地帯であるこの地域は、半年もの間、山と里は深い雪で閉ざされます。江戸時代、手織りは資本がなくても機元から織機を借り、原料の供給を受ければ誰でも就労できたので、農閑期には貴重な現金収入となりました。早朝から深夜まで機に向かう仕事は、とても楽なものではなかったはずです。人々は機織りの技術向上、そして無事に機を織り終えて春が来ることを願って、巻機山の神に祈ったのでしょう。

巻機山を訪れる機会があったら、南魚沼市塩沢にある塩沢つむぎ記念館、つむぎの里、鈴木牧之記念館にぜひ立ち寄ってみてください。織物体験ができることや、オリジナルの織物の素敵な小物が買えることも、きっととくに山ガールさんたちをはじめ、女性には魅力ですが（わたしも買いました）、山とそこに住む人の手仕事、そして山名が結びついたとき、山の輪郭がはっきりと浮かび上がり、知識欲の充足という感覚をはるかに上回る、喜びを感じます。そんな欲求を、歴史探訪とか、民俗調査とかむずかしいことを考えずに叶えてくれるのが巻機山です。

## もとはといえば、御国争いだそうで……

**赤城山** あかぎさん　群馬県前橋市・桐生市・渋川市・沼田市　1828m（黒檜山）

最高峰の黒檜山《くろびさん》をはじめ、長七郎山《ちょうしちろうさん》、荒山《あらやま》、鍋割山《なべわりさん》、鈴ヶ岳《すずがたけ》などの外輪山と中央火口丘の地蔵岳《じぞうだけ》を総称して赤城山と呼んでいます。この山にはたくさんの伝説が伝わっていますが、山名の由来となったとされている有名な伝説の一つはつぎのようなもの。

赤城山の神と栃木県日光の二荒山《ふたらさん》の神がそれぞれ大ムカデと大蛇に化身して、日光の戦場ヶ原で戦いました。二荒山の大蛇が勝ち、赤城山の神が流した地で山が赤くなった。そうして赤き山→赤城山と呼ばれるようになった。それ以外にも、二荒山の主の大蛇が赤城山の主の大ムカデに苦しめられて敗走する大ムカデの足跡が菅沼・丸沼になる伝説などが群馬県片品村はじめ各地に伝わっています。なぜここはこんなに大蛇と大ムカデ伝説氾濫地帯に？

「大和朝廷の支配下で毛野国《けぬ》が渡良瀬川を境に上毛野国《かみつけの》と下毛野国《しもつけの》に分割され、その後激しい領地争いの戦いがあったようです。これが赤城山と二荒山の神の争いとして伝承されてきたと思われます」（『なるほど　赤城学』栗原久／上毛新聞社刊より要約）とのこと。

## 黒姫グループは出雲の国、巻機山とも深い関係が？

### 黒姫山　くろひめやま　長野県上水内郡信濃町　2053m

信濃富士とも呼ばれる端正な山容で、古くから信仰の対象ともなっている山。湿原や湖沼、美しいブナ林など変化に富んだ景観で、わたしも、もう一度登ってみたい山のうちの一つ。山名の由来となった「黒姫」という姫が主人公の「黒姫伝説」がいくつも伝わっています。

この地域に住む人にとって、この黒姫の存在感がすごく大きかったことは、民話、伝説の多さから容易に想像できます。志賀高原の大池に住む黒竜が黒姫に思いを寄せ求婚したが、叶わなかったので仕返しに洪水を起こす。苦しむ住民を思って自らを犠牲に、黒竜のもとへ行こうとしたものの、黒蛇が自分のしたことに許しを乞い、黒姫とともに信濃町の山（黒姫山）へと向かい、この山にある池に一緒に住んでいるといった話。また、求婚を断った黒姫の肌が蛇のようになってしまい、それを嘆いて池に身を投げたとか、嘆く姫を見て黒竜も自害する、とかさまざまなバージョンが。黒竜は、蛇や大蛇とも表現されていますが、「黒竜」

は、災いをもたらす存在として描かれることが多く、洪水の恐怖そのものをさしている、とする説もあります。

飯縄山《いいづなやま》、黒姫山の間をぬって流れる鳥居川は、江戸時代から多くの甚大な水害をもたらしてきた千曲川《ちくま》の支流。黒姫伝説が志賀高原から信濃町まで千曲川をわけて東西まで連なっている川や池をめぐる伝承の流れが興味深いところです。

同名の山がお隣の県に2山。新潟県糸魚川市の青海《おうみ》黒姫山（1222m）と新潟県柏崎市の黒姫山（891m）。糸魚川・西頸城《くびき》地方には、幾織りのシンボル・奴奈川《ぬなかわ》姫を祀る神社が点在し、信濃の黒姫山にも奴奈川姫と関連があるとされる伝説があります。奴奈川姫とは、『古事記』や『出雲風土記』などの古代文献に登場する高志《こし》国（福井県から新潟県西頸城郡）を支配していた古代女王で、糸魚川や青海地方の特産品・翡翠《ひすい》を支配する巫女《みこ》であったと推定されているそうです。『古事記』に登場する出雲の国の大国主命《おおくにのぬしのみこと》が、奴奈川姫に求婚をしたという伝説は有名ですが、機織り技術、糸魚川市付近から産出された翡翠の加工技術、さらに奴奈川姫は製鉄の神ともいわれ、それらを得るための同盟だったと考えられています。

そして、この三つの黒姫山の関係は？？？　信濃の黒姫伝説には、室町～戦国時代の武

美しい山容で信濃富士とも称される黒姫山

将、高梨家が登場しますので、奴奈川姫伝説よりもあとの時代。この三山が位置する三角形のエリアが古代奴奈川族の居住エリアだったという説や、この奴奈川姫と巻機山の機織り姫は同一人物という説も。ああ……、深遠すぎる山岳伝説の世界ですが、ここではこのあたりまでに。山の名づけのパターンの一つとして、黒姫山は濃すぎる伝説の山の筆頭といえます。

## 神武天皇のおばあさんが祀られる

**祖母山**　そぼさん　大分県竹田市・豊後大野市／宮崎県西臼杵《うすき》郡高千穂町　1756m

神武天皇東征の際、豊後《ぶんご》沖で暴風雨に襲われた時、この山に向かって祈ると、祖母の豊玉《とよたま》姫《ひめ》が現われ静めたということから祖母山と呼ばれるようになったという伝説が。祖母山頂の石の祠には祖母岳明神として豊玉姫が祀られています。

## 三つの瓶が山から飛び出した!?

**三瓶山**　さんべさん　島根県大田市・飯石郡飯南町　1126m（男三瓶山）

三瓶山を舞台とする「佐比賣《さひめ》神話」が由来の一つとされ、さひめからさんべになったというもの。なぜ、佐比賣から三瓶になったのか、いつ改称されたのかも定説はないようです。

もう一つユニークな伝説も。三瓶山が噴火した際、三つの瓶が山から飛び出したというもの（地震というバージョンも）。一つ目の瓶は一の宮（物部神社）、二つ目の瓶は浮布池、三つ目の瓶は佐比賣山神社に落ちたとか（現高田八幡宮）。古代人のスケールの大きい想像力、突拍子のなさを楽しみたい、いまだ謎の多い山名由来伝説です。

## 七つの時雨は子どもの涙……

### 七時雨山　ななしぐれやま　岩手県八幡平市　1063m

七時雨の継子という伝説が伝えられています。継母につらくあたられた子どもが流す涙が一日に七回も雨を降らせた、というもの。七は多いという意味で、一日に何度も天気が変わるということからつけられたという説もあります。

# 山には神様がいっぱい

日本の山が山岳信仰と深く結びついていることは、この本の冒頭でも述べました。それだけに信仰が由来の山名がたくさん。そんな山名の事例を紹介しながら、日本の山の輪郭を浮かび上がらせてみましょう。

まず、日本の山岳信仰の根底にあるのは自然崇拝。一木一草に魂があり、太陽や星、山といった自然界にある万物に神がいるという信仰です。そこに仏教、密教を基盤に、神道、陰《おん》陽道《みょうどう》、道教、シャーマニズムなどのさまざまな要素を取り込み、独自の信仰形態をつくってきました。それだけに、日本の山岳信仰をひと言で定義するのはむずかしく、また適切ではないともいえます。仏教の影響が強くなり、山が祭祀の場となり、また密教の色が濃い修験道が確立してからも、山には、春に山から下りてきて、田の神となり秋になると帰っていく農耕の神がいて、田んぼを潤す水の神もいて、死者がのぼっていき先祖とともに里を見守るという祖霊がいる場所でもあったのです。

立派な拝殿を持つ神社や由緒正しきなんとか如来像などは山にはないけど、もともと人々の畏怖の対象だった山の神様への信仰がなくなったわけではありません。まじりあって、それぞれが生き続けているのが日本の山です。

## 太陽信仰と結びついたお天道様の山

**天道山** てんどうやま　長崎県対馬市　171m

古代からの自然崇拝の一つ「太陽信仰」と山が結びつき、独自の信仰をつくり、山名ともなっているのが、長崎県・対馬の天道山。この山には、太陽の光が女性の陰部に差し込んで生まれた子ども、「御子神《みこがみ》」が祀られています。神が降臨する場所として山中への立ち入りは禁忌とされている遥拝の地で、古代からの山岳信仰の形をよく表わしている山といえます。ほか、長崎県平戸市の天道山《てんどうやま》（175m）鹿児島県出水《いずみ》郡長島町にも、天道山《てんどうざん》（360m）があり、太陽信仰とのかかわりが想像できます。

## 神が鎮座する場＝かんなびとクラ

**神南備山（三室山）** かんなびさん（みむろやま） 奈良県生駒郡斑鳩《いかるが》町 82m
**神倉山（千穂ヶ峯）** かんのくらやま（ちほがみね） 和歌山県新宮市 253m

古代から日本人は、神は高いところにある岩や木を依代《よりしろ》として降臨すると考え、また神のいる山をかんなび（神南備、神奈備、甘南備）と呼んでいました。

また、神の座するところ、高御座＝たかみくらという言葉があります。天皇が座る席をあらわす言葉ですが、古く「座」という漢字は「クラ」とも読みました。そこから転じて「倉」と「神楽」「御座」の字もあてられる山は、神が依代とする岩のある山という意味で、右に挙げた二つは、そのうち最古とされている山です。

埼玉県の官ノ倉山（秩父郡東秩父村・比企郡小川町　３４４ｍ）も神ノ座山から転じたものと考えられています。ただ、クラは単に岩という意味もあるので、倉、嵓《くら》は単に顕著な岩があるという場合にもつけられているケースも。著名なところでは谷川岳の一ノ倉岳（１９７４ｍ）、仙ノ倉山（２０２６ｍ）（ともに群馬県利根郡みなかみ町／新潟県南魚沼郡湯沢町）の谷側はロッククライミングで有名な山です。奈良県、大台ヶ原（P30参照）の千蛇嵓《せんじゃぐら》も顕著な大岩があります。

自然崇拝をベースに、山そのものをご神体または自然物を依代とする古代神道を由来としている山を例に挙げましたが、奈良時代に入ると仏教の影響が強くなり、平安時代になって密教を取り入れた修験者が現われます。

## こうして神と仏の折り合いをつけた

### 権現山《ごんげんやま》

この山名を「カシミール3D」で検索すると全国で権現山《ごんげんやま》が87山、権現岳が3山。古代神道、自然崇拝を基盤としていた日本に、百済《くだら》から仏教が持ち込まれ、日本は画期的な折衷案を生み出します。日本の神の上に仏を位置づけ、仏は、神の姿を仮の姿として現われ、わたしたちにご利益をもたらしてくれるというもの。この考え方を「本地垂迹説《ほんちすいじゃくせつ》」といい、本来の仏の名前を「本地」、仮の姿となって現われることを「権現」と呼んでいます。

つまり、神仏習合という日本独自の信仰の根幹となっているのが「権現信仰」で、権現の名がつく山はこれが由来。この考え方に基づき、日本固有の神は仏菩薩と個別に結びつきます。修験では、鳥海山大権現（本地は薬師如来）、白山大権現（本地は十一面観音）などというように呼ぶようになります。この流れは明治に入って、神仏分離令１８６８（明治元）年が出されるまで続くのです。

## すべての如来が山名に

### 阿弥陀岳 あみだだけ　長野県茅野市・諏訪郡原村　ほか全国に10山(阿弥陀山など阿弥陀を含む山)　2805m

なむあみだぶつ……、と唱える念仏に登場しますね。全国にある阿弥陀岳のなかでおそらく最もよく知られているのが八《やつ》ヶ岳《たけ》連峰の一座。八ヶ岳は主峰の赤岳を中心に修験の山として栄えていました。南八ヶ岳縦走の要所にある「行者《ぎょうじゃ》小屋」は、その名のとおり、行者が利用していた小屋。全国の阿弥陀岳のなかには、新潟県の阿彌陀山（糸魚川市　１５１１m）のように、その姿が阿弥陀仏のように見えることから名づけられたとされる山もあります。

以下、釈迦《しゃか》如来を祀った釈迦ヶ岳（奈良県吉野郡下北山村・十津川村　1800mほか）、薬師《やくし》如来を祀った薬師岳（富山県富山市　2926mほか）、大日《だいにち》如来を祀った大日岳（富山県中新川郡上市町・立山町　2501mほか）があります。残る如来、毘盧遮那《びるしゃな》如来を冠した山名は見当たりません。この如来は大日如来と同一で、宗派によって呼び名が違うのですが、谷有二は、著書『山名の不思議』（平凡社）のなかで、朝鮮半島の毘盧峰《ピロポン》を例に挙げ、丹沢山塊の蛭ヶ岳《ひるたけ》、栃木県黒磯市の日留ヶ岳《ひるたけ》は、毘盧遮那如来の頭2文字だけをとった山で、修験者が毘盧遮那如来を持ち込んだのではないだろうか、と考察しています。

ほかにも仏教における菩薩名、仏教用語を冠した名前がたくさん。観音岳《かんのんだけ》、文殊岳《もんじゅだけ》、金剛山《こんごうさん》、虚空蔵山《こくぞうやま(さん)》、法華峰《ほっけ》、八経ヶ岳《はっきょうたけ》、弥山《みせん》、大菩薩嶺《だいぼさつれい》……、など。神様もいます。神山《かみやま》、雨乞いの神とかかわりがある龍神山《りゅうじんやま(さん)》、ともに火伏の神として信仰をあつめた秋葉山《あきばやま(さん)》に愛宕山《あたごやま(さん)》…。あっちの山もこっちの山も神様だらけです。愛宕山にいたっては、全国で122山と同名の山の堂々2位（P32参照）。こちらは、京都の愛宕山《あたごやま》（京都市　924m）が修験道の霊場の一つとして栄え、江戸時代にかけて修験者たちが全国に広めた山名。全国を駆け巡った修験者たちの姿が浮かび上がります。そのなかでも一見すると関係がなさそうに見えて、じつは同じ起源を持つ山名があります。金峰山《きんぷさん》と蔵王山《ざおう》です。

## 全国を駆け巡った修験者たち

**金峰山** きんぷさん（きんぽうさん） 山梨県甲府市／長野県南佐久郡川上村 2599m ほか全国に12山

**蔵王山** ざおうざん 宮城県柴田郡川崎町／刈田《かった》郡蔵王町・七ヶ宿町／山形県山形市・上山市 1841m（熊野岳）ほか全国に5山 蔵王岳含む

修験道の本拠地といえば、奈良の大峰《おおみね》山脈。最高峰は山上《さんじょう》ヶ岳《たけ》ですが、この山を大峰山と単独で呼ぶようになったのは、江戸時代以降。それ以前は金御嶽《かねのみたけ》、金峰山、御岳《みたけ》などと呼ばれていました。本地は修験道の本尊で金剛蔵王《こんごうざおう》大菩薩。インドに起源を持たない日本独自の修験道オリジナルの仏様です。

その起源は古く、奈良時代には、大峰山（＝金峰山）に修行者が入っていたことが考古学調査の出土品からも確認されています。平安時代中期には、上皇も大峰山（当時＝金峰山）に入るなど、その存在、信仰は隆盛し、修験の一大霊場として全国から修験者が入山、修験道教団を形成します。

修験者たちは本拠地・大峰山（＝金峰山）から本地仏の金剛蔵王大菩薩を運び、各地の山に祀りました。それが各地にある金峰山、蔵王山。つまり実家が同じというわけです。北は山形県鶴岡市の金峰山《きんぽうさん》（471m）、南は鹿児島県南さつま市の金峯山《きんぽうざん》（636m）。蔵王山は、見出しに挙げた宮城／山形の蔵王山から南は同様に鹿児島県姶良市の蔵王岳《ざおうだけ》（158m）まで。その伝播力の強さには驚かされます。

金峰山は本拠地の金峰山が、尊い山という意味の御岳《みたけ》と呼ばれるのに対して、国御岳《くにみたけ》という別名も持っています。一方、東京青梅市の御岳山《みたけさん》（929m）には、金峰山の別名があり、山頂に建つ武蔵御嶽《むさしみたけ》神社の由緒書きには、「奈良時代に僧の行基《ぎょうぎ》が東国鎮護を祈願し、蔵王権現の像を安置した。鎌倉時代には、金峰山御嶽蔵王権現の名によって信仰を集めた」という趣旨の記述があります。

御岳のうち、木曽御嶽山《きそおんたけさん》は、起源は金剛蔵王権現とするものの、独自の進化を遂げ、大峰を本山とする信仰とは分化されています。

修験者たちは、里では雨ごいや病気治癒の祈祷などを行い、現世利益の追求を叶えてくれるとても身近な存在だったそうです。修験の霊場で厳しい修行を積んだ修験者たちは、お国に帰って菩薩を祀り、山で得た「験力《げんりき》」を生かし、庶民への信仰の浸透をはかっていたのですね。

## 「僕の分身みたいなもの。だから動けるかぎりは山に入るよ」

# 沼津アルプスの開拓者　加藤満さん

この方に偶然出会ったのは、山の道中。もう15年以上前になります。沼津アルプスのロゴが描かれた道標を背負っていたので、すぐに整備されている方だと気づきました。

「いつもこうして整備されているんですか?」

「そう。僕が仲間と拓いた道だからね。やらないといけないんだよね」

今や、全国にあるご当地アルプスのなかでも屈指の人気コース「沼津アルプス」を１９８０（昭和55）年から3年をかけて、自身が代表を務める「清水町五十雀《ごじゅうから》山《さん》歩《ぽ》会《かい》」の有志約30人らとともに開拓、以来、36年余りに渡り登山道整備を続けている加藤満さん。

アップダウンのある尾根道、富士山と駿河湾を見はるかす大展望、豊かな植生、一度歩いたら忘れられないすばらしい道。徳倉山《とくらやま》（２５６ｍ）、鷲頭山《わしずさん》（３９２ｍ）、大平山《おおひらやま》（３５６ｍ）まで七山七峠を1日で踏破し、下山後は海の幸や温泉を味わえるとあって、全国からたくさんのハイカーが訪れます。

加藤満さん。自身でのべ174本設置した道標を前に。「現在地と目的までの距離がひとめでわかるように、登りなのか下りなのかもわかりやすいでしょ」。白地に緑の稜線、黄色と赤の帯。カラーでお見せできないのが残念なほど。かわいい手描きの案内板は、沼津アルプスの道中で目にすると「あった♪」と心が躍る。

新聞やガイドブックでも名づけ親として何度も紹介されたことのある加藤さんですが、じつはほかにも、伊豆・天城の八丁池周辺の開発から守る活動、荒廃していた愛鷹《あしたか》連峰の須山口登山道の復活にも尽力。さらに、愛鷹山の愛鷹山荘小屋番も長く務め、険しい登山道の整備にあたっていた方。山岳雑誌の編集部にいたころから、幾度もお話をうかがいにご自宅や活動の現場を訪ね、いつもあたたかい対応をしていただいていました。

そして、2015（平成27）年9月のある日、お手紙を書いて、長くご無沙汰をしてしまった非礼をお詫びし、

12年ぶりに沼津を再訪しました。

「元気そうでよかった」と笑いながら、マニュアル車をバリバリと運転する加藤さんは、1929（昭和4）年生まれ。御歳86（取材当時）。開拓当時の仲間は他界したり身体を悪くしたりし今はひとりになったものの、週に三度は山に入って、登山道に繁茂する外来種の野草駆除、登山道の補修などを続けています。

秋田県の大館出身。父を戦争で亡くし、兄も復員後マラリアで没。6人兄弟の2番目だった加藤さんは、母を支え兄弟を支え、食糧難の当時、山に入って糧を得てきました。旧国鉄で、機関士として働き25歳で静岡県の沼津へ赴任。日本アルプス、地元の山、ほうぼうを歩き回ったそうです。

「沼津アルプスはもともと、人々が行き交う峠道があって、炭焼きなど生活の糧を得ていた場所でもあったから、森も健全に更新されていたんだよね。戦後、生活様式も変わり広葉樹の森を伐採して、針葉樹が植林されたまま放置され荒れていった。ここを整備して子どもからお年寄りまで歩ける道に整備すれば、新しい価値が出て楽しめるし、津波の避難場所としても使えるんじゃないかと思ったんだよね。七山七峠をつなぐ道。展望も素晴らしいのでアルプスと名づけたんだ。当時は日本アルプスの詐称だ、とか反対も多かったねえ」

全国では人の手が入らなくなった里山が荒れて、生態系への影響が出ています。そして、このアルプスが全国の「ご当地アルプス」の先駆けともなったのです。

沼津アルプス自体、道もロケーションも素晴らしいのはまちがいないけど、わたしがもう一度歩きたいと強く思い、これまで幾度も歩いているのは、加藤さん自身が自宅の作業場でコツコツと手づくり、手描きでつくっている案内板が文句なしにかわいくて、人の思いがあふれていてぐっとくるから。その案内板をつけた道標を、コース中全25カ所に設置。これまで傷んだもののつけ替えなどを含め、のべ174本の道標を手づくりしてきました。支柱を入れると40kg超え。それを加藤さんが担いで上がる。想像してみる。外来種をひっこぬき、植生の変化、道の傷み具合をつぶさにメモしながら、行政に報告をして。その時間、労力、愛情…。なんだか泣けてくる。

現在は、地元行政の沼津市が加藤さんが担ってきたコースや道標の補修も引き継ぎ、協力体制をとるといっています。

ありきたりの質問だけれど、聞かずにはいられませんでした。

「加藤さんにとって沼津アルプスはどんな存在なのでしょう？　どうしてこれまで、これほどまで精力的に整備を続けてこられたのですか」

「僕の分身みたいなものだからね」と言ったあと、「やらなきゃしょうがないから」と15年前、この山で偶然出会ったときと同じ言葉が返ってきました。

そして、こう続けます。

「個人が開拓した山はいくつもあるでしょ。問題は、行政にうまく引き継げるかどうか。それができないと道は絶えていくから。責任感と愛着かな。僕がいなくなっても、当然山はいつまでもあるわけだし、ここまで維持できてみんなに愛される道になったから、沼津アルプスの名前は残っていく。それでいいんじゃないかな」

今こうして歩いている道は、だれかが整備してくださっている。登山者の安全、そこに生きるすべての命に思いを注ぎながら。山と人、わたしと山を確実につなげ、遠くから「あの山は今どんな様子かな。あの方はお元気かな」と思いをいたらせる、そんな想像力を持って山を歩くことを教えてくださったのが、沼津アルプスの名づけ親である山の紳士。

その日は、これまでの来し方を聞こうとはりきって取材にうかがったはずが、三島駅から三島大社、沼津漁港、海の幸が並ぶ食堂街、深海魚水族館、富士山からの湧水が湧く柿田川と案内してくださって、道々でおしゃべりを。帰りがけ、「はい、これお土産」と言って、アジの干物、サクラエビ、愛鷹茶、それにちょっと柔らかくなったチョコを渡され「これま

道標のある風景が、この山の記憶を特別なものにしてくれる（写真＝PIXTA）

での恩返しだよ」と笑って、車で去って行かれました。

「恩返ししたいのはわたしです」と頭を下げるわたし。

その日撮影した沼津アルプスの写真。眺めていると、稜線に差す陽光と、今日も加藤さんが歩いているであろうこの山の光景が浮かんできます。加藤さんのご自宅の作業場には今もつくり続けている案内板がいくつも置いてありました。

「市にバトンタッチしたあとも、はじめはね、あったほうが楽だろうから。安全のためにすぐに直さないといけないでしょ」

沼津アルプス。そこには道標がつくるあたたかい風景があります。

# まだまだある。思わず「へえ〜っ」の名づけ山名

## タタラ文化がもたらした山

**伊吹山**　いぶきやま　滋賀県米原市／岐阜県揖斐《いび》郡揖斐川町・不破郡関ヶ原町　1377m

**金糞岳**　かなくそだけ　岐阜県揖斐郡揖斐川町／滋賀県長浜市　1317m

日本百名山、花の百名山で名高く、イブキと冠した花の名前の多いことでも知られています。また、古くは修験者の山としても知られる霊山・伊吹山。その由来には諸説あり『日本歴史地名体系　滋賀県の地名』（平凡社）には「『伊吹』は『息吹き』を意味し、山気や霊気を吐き息づく山神がいるという古代人の山岳観を表している」とあります。伊吹山には、若狭湾から琵琶湖を経て関ヶ原へと抜ける冷たい季節風が吹きつけます。その風を荒ぶる神に

たとえたのでしょう。ですが、ここでは伊吹山周辺をはじめ近江地方が古代から製鉄が盛んな土地だったという点からもう少し深掘りしてみたいと思います。

伊吹山周辺をはじめ、近江地方は、古代から製鉄が盛んで製鉄遺跡が多数発掘されています。鉄や銅を溶かす炉に「タタラ炉」というものがありました。製鉄は、炉の温度を1500度以上に保つ必要があり、火力を強くするために、炉は風がよく通る地形につくられることが多かったのです。そこに「タタラ」（フイゴ）という装置で、風を送り込みます。

伊吹山周辺では、伊吹おろしと呼ばれる季節風を製鉄に利用していました。谷川健一が著した『青銅の神の足跡』（集英社）には、各地の伊吹《いぶき》、息吹《いふき》、伊福《いふく》（いふき・いおき）という地名の近辺に銅鐸が出土し、タタラ場や鉱山がある事例を挙げ、古代、フイゴを使って金属精錬に従事していた伊福部氏《いふくべうじ》（いふきべ・いおきべ）が居住していた場所との関連が書かれています。また、フクは、フイゴ（吹子）を意味し、「野だたらによる古代の青銅や製鉄に欠くことのできない猛風を与えてくれる伊吹山を、伊福部氏はあがめていたと考えるのがもっとも自然である」とも。登山文化史研究家の谷有二は、風を送って製鉄することを昔「鉄を吹く」と言っていたことを挙げ、伊吹山は「鉄を吹く山」、伊福部氏と呼ぶのも同じ語源と説いています『山名の不思議』（平凡社）。製鉄のことを今も「タタラ吹き」と呼びますね。

伊吹山地北部に金糞岳という山があります。砂金や鉄鉱石を製鉄したあとに出るクズを「金糞」、つまり金属の糞という意味からつけられたとされています。

ほか、タタラとつく山も製鉄が語源。新潟県佐渡島、ドンデン山の正式名は、タダラ峰（934m）、埼玉県飯能市のタタラノ頭《あたま》（有間山・1213m）など挙げればきりがないほど出てきます。さらに安達太良山《あだたらやま》（福島県郡山市・二本松市　1700m）の北には、鉄山《てつざん》というピークがありますが、鉄山の山頂には製鉄の炉の跡が見つかっています。

近江には、多くの渡来人がやってきました。百済《くだら》・新羅《しらぎ》など朝鮮半島の先端技術を渡来人が持ち込み、6世紀に中国山地でスタートした製鉄がこの近江に発展していき、7世紀には、日本各地に鉄の文化をもたらし、関東から東北まで製鉄技術が伝わったということが、各地に残る山名からもうかがえます。

日本各地に鉄文化が伝播した背景には、農作業の効率をあげるのに画期的な鉄道具をもたらしたこともありますが、山岳修験者の存在も大きく影響していると考えられます。鍛冶屋やタタラ師は、山岳修験のかたわらで山中の鉱物や秘薬（薬草）を探査する鉱物師としての顔も持っていました。だからこそ土地の為政者や有力者に保護される存在となったのです。

## 植物が由来の山

### 空木岳 うつぎだけ 長野県駒ヶ根市・木曽郡大桑村 2864m

山名を聞いていつか登ってみたいと思う山があります。この山もその一つ。登る前に眺めてみたいと思いました。いにしえの人が、そこに描かれていると感じた花を麓から同じように。中央アルプスの名峰、空木岳は、水ぬるむ季節、山肌が、ウツギの花が咲いたように見えることからこの名がつきました。雪がウツギの花を描き出すのです。春の訪れに浮き立つ人の気持ちまでが見えてくるようです。

### 天城山 あまぎさん 静岡県伊豆市／伊東市／賀茂郡東伊豆町／賀茂郡河津町《かわづ》 1406m・万三郎岳

伊豆半島中央部、中央火口丘の白田山、最高峰の万三郎岳《ばんざぶろうだけ》、篭木山《ほうきやま》などの外輪山の総称で、伊豆で古くから自生する天城甘茶という植物が由来とされています。甘茶は、ヤマアジサイの変種で、天城甘茶は、天城の固有種。アジサイよりやや控えめの白い花を咲かせます。伊豆の山中には葉を噛むと甘い木がたくさん生えており、地元の人はこの木を甘木（あまぎ）と呼んでいたそうです。天然の甘味料、また薬草としても珍重されてきた花です。

## 稲にまつわる山名は方言がカギ

**ニュウ** 長野県南佐久郡小海町　2352m

苔むした森が美しい登山道を歩いていると、「乳」という道標が。次に見えたのは、「ニウ」。そして地形図は「ニュウ」。何度も歩いた北八《きたやつ》ヶ岳《たけ》、稲子湯《いなごゆ》からしらびそ小屋、ニュウへの道。にゅうとは、刈った稲や脱穀後の稲わらを、円錐形や円筒形に積み上げた稲積みのことで、地方によってニオ、ニョウなどとも呼ばれています。もともとは、田の神に捧げる穂つきの供物と考えられています。近くには、稲子岳《いなごだけ》、稲子湯という稲にかかわる地名も。

稲作にかかわる言葉、とくに方言はおもしろい。そこで見つけた山名がこれ。富山県南砺市のマルツンボリ山（1237m）。稲を積み上げた稲積み＝にゅうを「ツンボリ」と呼ぶ地域もあるそうです。（『砺波民俗語彙』佐伯安一／高志人社）。竹や藁で編んだ背負いカゴを「ツンボリ」と呼んでいるところも。わ！　ここもニュウの仲間？　と思ったのですが、このマルツンボリ山は、ツンボリがこれも方言で「つんぼり高い」＝「そこだけ盛り上がって高い」、また「丸い容器」「円形の台」という意味があるそうで、それによると山頂が丸くそこだけ盛り上がった山ということに。地方の「なんだこれ？」という名前の山も、方言がカギかもしれません。

ニュウ。地方によって形状はさまざま。藁こづみ、わらぐろ、わらにょうとも呼ばれます。ピークの岩山の形（写真上）が稲積みの形に似ている、とつけられたのでしょうか？
（写真下＝PIXTA）

## アイヌ語？　山麓地名にも注目！

### 早池峰山　はやちねさん　岩手県花巻市・遠野市・宮古市　1917m

北上《きたかみ》山地の中央。ハヤチネウスユキソウなど特産種の花が多く、花の名山としても人気の高い山です。古くから、海上からもよく望める山容で、漁業者にとっては航海の目印とした山でもあります。その後、修験者が四つある登拝道の集落に定着。「伊吹山・金糞岳」の項でも触れましたが、ここも807（大同2）年、修験者が日本中の山を駆け巡り開いた山のひとつ。修験者の存在を今も伝えているのが、国指定重要無形民俗文化財・早池峰神楽。その起源は南北朝時代までさかのぼり、修験者の祈祷の舞が神楽の原形といわれています。

さて、山名由来には諸説があります。まず、山頂部にある池が、水が引くのも湧くのも早いということから、快慶という僧が「早池」とつけたという説。「峰」は山をあらわす接尾語と考えられます。さらに、アイヌ語由来説。「パハ（東）ヤ（陸）・チニカ（脚）」＝東の陸の脚という意味から名づけられたとのこと（『新日本山岳誌』日本山岳会編／ナカニシヤ出版より）。さらにこんな説も。この地方は山麓に吹きつける風がとても強く、強い風のこ

修験者の祈祷の舞が原形とされる早池峰神楽（PIXTA）

とを「疾風《はやて》」といい、ハヤチとも発音します。強い風の峰＝ハヤチネ。わたしはアイヌ語説をひいきめに考えています。早池峰山は、東《あずま》根《ね》嶽《だけ》とも呼ばれ、周辺に栃内《とちない》、大償《おおつぐない》、左《さ》比《ひ》内《ない》など、アイヌ語で内＝「沢」を意味する地名が残っていること。とくに「タイマグラ」＝森の奥へ続く道という意味のアイヌ語地名に強く興味を持ちました。

早池峰の東山麓標高５００ｍに位置するタイマグラは、古くは登拝者の登山基地でした。修験者の行場として女人禁制だった当時、女性が遥拝した場所だそうです。戦後開拓地となり、10戸ほどが入植しましたが、東京オリンピックのころ、皆この地を離れ、老夫婦が住む1軒だけに。『タイマグラばあちゃん』という、この地にひとりで住むおばあさんの暮らしを15年追い続けたドキュメンタリー映画もつくられたので、ご存知の方も多いと思います（監督：澄川嘉彦　製作：ハヤチネプロダクション　２００４年）。水道はなく、電気がひかれたのも日本で最後、１９８８（昭和63）年。という土地でおばあさんが暮らす日常。このおばあさんは81歳で他界、現在は、ＮＰＯによってキャンプ場、自然とともに生きる暮らしを求めて移り住んできた家族が民宿を営んでいます。

早池峰の山名由来、そっちのけになってしまいました。興味津々な山麓の町に出会えると、もう登るのはどっちでもよくなるのも、しょっちゅうです。

# 小さな山が幕末の大転換期の舞台に

## 天覧山　てんらんざん　埼玉県飯能市　197m

百名山はじめ、メジャーな山の山名探訪が続いたので、ここでひと休憩。高い山は山麓も広くて、ちょっと思い立って山名について調べに、とはいきません。ご近所の小さな山でこそ、歩いて聞いて寄り道して。本当はこの本でお伝えしたい楽しみは、そこ。

そんな山の一つが飯能にある小さな山、天覧山。天気のいい朝、思い立ったら「よし、行こっ」と出かけます。雑木林が美しく、20分たらずの登山道はちょっとした岩場もあって、山頂からは飯能の町と大きく蛇行する入間《いるま》川、奥多摩《おくたま》、奥武蔵《おくむさし》の山並みが見渡せます。ひとりで出かけた帰り道、駅までの道にある飯能市郷土館へ。そこでこの小さな山が、時代の転換期、当事者として歴史の表舞台に立っていたことを知りました。

時代とともに名前を変えてきたこの山は、かつては火伏《ひぶせ》の神様である愛宕《あたご》権現を祀っていたことから、愛宕山と呼ばれていました。その後、徳川五代将軍綱吉の病気平癒のお札に、生母桂昌院が十六羅漢《らかん》の丸彫り石仏を奉納したことから、「羅漢山」と呼ばれます。

飯能の街は1868（慶応4）年、明治維新期、旧幕府軍と新政府軍の戦いである「戊辰《ぼしん》戦争」の地域戦にあたる飯能戦争で焼け野原になりました。旧幕府軍が大本営をかまえて最後まで抵抗したのが、羅漢山（天覧山）で、中腹にある能仁寺にも大砲が撃ち込まれ全焼し、街に四つあった寺すべてが焼失しました。

その後、時代は明治に変わった1883（明治16）年、焼け野原になったわずか15年後でした。明治天皇が、陸軍近衛諸隊の軍事演習を羅漢山の山頂から統監したことから、天覧山と呼ばれるようになったのです。

そのあと、飯能市郷土館から徒歩5分の飯能市立図書館へ。地元の材木「西川材」を使ったこの図書館には素敵な和モダンカフェ？　とみまごう読書スペースがあって、天覧山の資料を拝見。古老の話をもとに飯能戦争時の様子をつぶさに記録した私家本に出会えてちょっぴり興奮。帰りぎわに天覧山に毎日散歩に行くという隣のご老人と少しおしゃべりしました。「飯能戦争のことは、おじいさんや両親から何度も聞いてきたよ。焼け野原になったけど、天皇をお迎えするまで復興した。みんなくじけなかったってね」

このおだやかな街の来し方を、今日見た風景と重ねてみました。朝行って昼には下りてきて、街歩き、図書館ごもり。小さな山ならではの楽しみです。

天覧山山頂から多峯主山（とうのすやま）へ向かって下ると谷戸が広がっています。おだやかな里山の風景を歩きながら、ここが時代の転換期の舞台になったことに思いをはせました

山名探訪記❶ 歩くとわかる 見えてくる

# 東京・超低山てくてく散歩

## 大根と巾着がアイコンの聖天様

## 待乳山《まつちやま》

東京都台東区

「大根と巾着《きんちゃく》のディテールがかわいい♪」いや、本題は山名探訪なんですけど、ここ「待乳山聖天《しょうでん》・本龍院」のアイテムがたまらないのです。そもそもは一日中乳を待っては泣く生後まもない赤ちゃんみたい、どんなご利益があるのかなあ、安産、子宝祈願とか？ という想像から興味を持ったのですが、境内に入るとすぐに、そのキュートなアイキャッチのオンパレードは始まります。いたるところにぷっくりとした巾着と、2本の大根が交わっている絵柄が描かれて。そのすべてに統一感があって、アートディレクションは完璧。お守りを売る

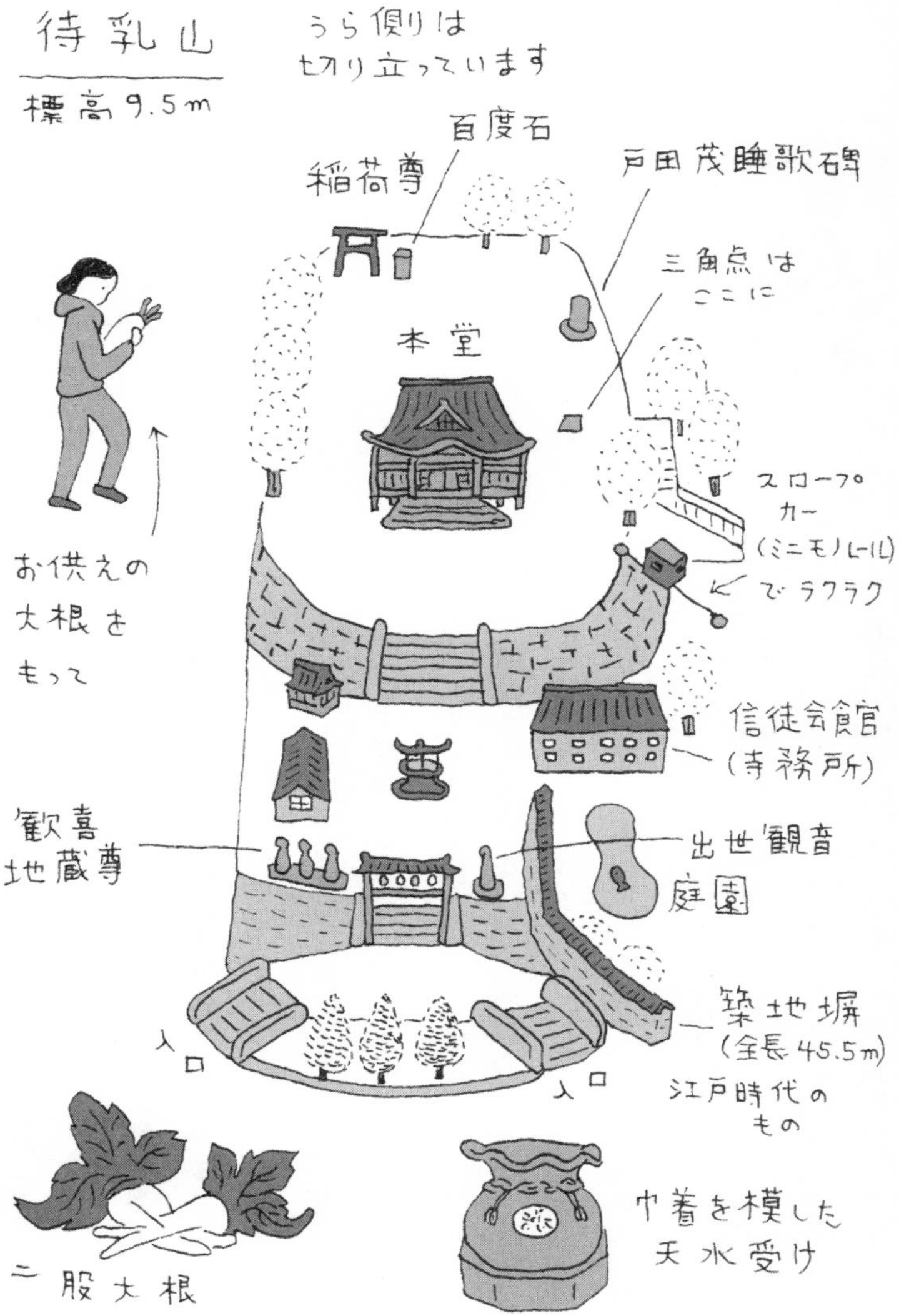
待乳山
標高9.5m
うら側は
切り立っています
百度石
稲荷尊
戸田茂睡歌碑
三角点は
ここに
本堂
スロープカー
（ミニモノレール）
でラクラク
お供えの
大根を
もって
信徒会館
（寺務所）
歓喜
地蔵尊
出世観音
庭園
築地塀
（全長45.5m）
江戸時代の
もの
入口
入口
巾着を模した
天水受け
二股大根

売店には、生大根が。お参りする人は大根を抱えて奉納しています。

待乳山は、いつも賑やかで外国人観光客でごったがえしている浅草寺《せんそうじ》を通過して、徒歩10分。隅田川西岸に位置します。ほんの少しの距離なのに、そこに流れる空気は静謐《せいひつ》そのもの。江戸時代は風光明媚な名勝として、多くの浮世絵に描かれたり、歌に詠まれたりしていた場所でした。

境内をぐるっと一周。同行の中村みつを画伯が、「見て、ここ」と教えてくれたのは……。「わっ、三角点♪」。とくだん、三角点マニアなわけではありませんが、浅草で見つけた三等三角点は、宝物探し的な感覚です。

ここにおられるのは、正式名を「大聖歓喜天《だいしょうかんぎてん》」、通称「聖天様」。商売繁盛、家庭円満、子宝、良

ここにも
二股大根
よく見ると
巾着が飾られ
ている
お供えの
生大根
大根と
巾着がお出迎
えです

縁、恋愛成就などにご利益があるとされています。わたしがそのディテールに歓喜した巾着と大根は、聖天様のご利益を象徴するもので、巾着は聖天様への供物、歓喜団《かんきだん》というお菓子を模したシンボルマーク。また、財宝入れとして、商売繁盛、を示したもの。二股の大根は、煩悩のうちの「いかり」を示し、聖天様に預けることで心が静まる、とうたわれています。が、ピンとくるのは、根の形がズバリ、男女の交わりを示し、夫婦和合を示す、という説明。1月7日は、恒例の大根祭りが行われ、参拝者に「ふろふき大根」がふるまわれるそう。とにもかくにも、このシンボルマークはお守りのほか、ご利益グッズにも描かれていて、思わず煩悩《ぼんのう》を鎮めるどころか物欲がスパークす前です。

さて、待乳山という名前について。古くは真土山とも表記されています。注目されるのは、奈良県五條市と和歌山県橋本市の境にも、待乳山《まつちやま》があり、万葉集では、「待つ」にかかる枕詞ともされています。こちらも真土山とも表記され、万葉集に真土山を詠った歌は8首。さらに近くには隅田という地名も。この二つの山に共通点が……、と想像できます。

1912（明治45）年に発行されたお隣、浅草寺の山号である金龍山の縁起『南無観世音金竜山縁起正伝』（金竜山縁起編修会編　芳林堂）には、このあたり一帯は泥海だったが、ここだけが真の土であったことを由来とする説、また江戸時代の説としながら、浅草寺を建てた地元の豪族、土師眞中知《はじのまつち》の墳墓であるという説も記されています。土師氏とは、埴輪の制作や古墳の築造・祭祀を職能としていた豪族。大正時代には、考古学者の鳥居龍蔵《とりいりゅうぞう》も待乳山古墳説を唱えています。聖天様が祀られる山は、古代から江戸、明治、大正とずっとその謎を秘めたまま。

待乳山、真土山＝万葉集、自然の山を利用した豪族の墓？　ぐるぐる頭をめぐりましたが、境内をゆっくりと歩いていると、訪れたときの煩悩＝物欲はどこ行かん。謎は謎のままでもいい、と。本殿で家庭円満をお祈りしつつ、一心に祈る参拝者の後ろ姿を見つめていると、なんともすがすがしい気分に満たされたのでした。これも、ご利益。

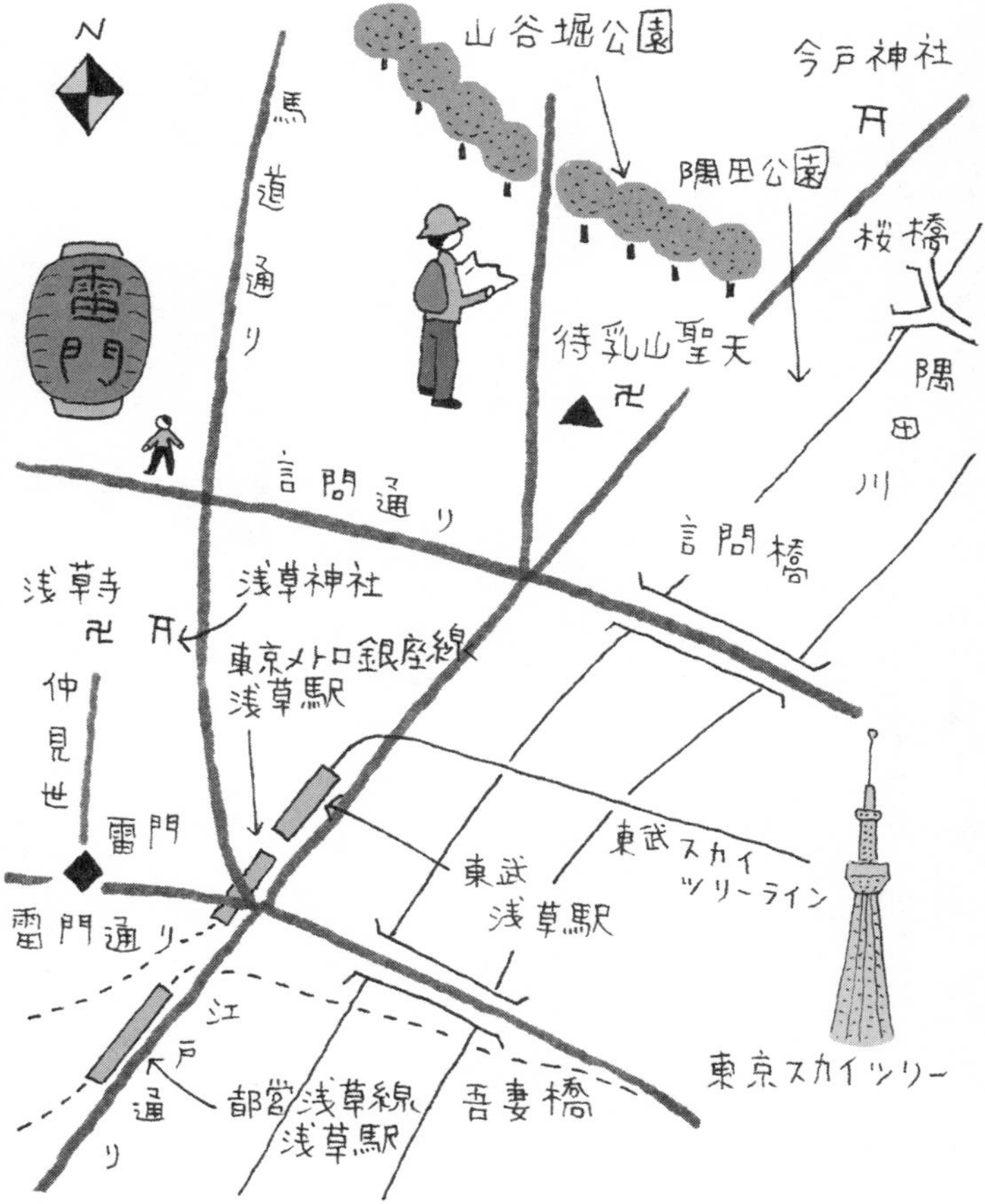


待乳山聖天
東京都台東区浅草7-4-1
地下鉄・東武線浅草駅から徒歩10分
日の出桟橋（JR浜松町駅から徒歩８分）から
東京都観光汽船の利用もおすすめ。
日の出桟橋から浅草まで所要40分、860円。

薩摩県人からも偲ばれる
代官山の夕陽が丘

# 西郷山《さいごうやま》

東京都目黒区

本日の山名探訪記のテーマは、「東京の超低山はしご散歩」。浅草・待乳山をあとに、代官山へ二つめの超低山を散歩します。時代は江戸から明治へ。それは東京のなかの異文化を感じ、時代も交錯する旅なのです。

以前に一度だけ代官山に行った折りに「夕日がきれいに見える」という公園に立ち寄ったことがあります。カフェ・ラテ色のバンでコーヒーを売っているモトヤエクスプレスで、ラテアートが描かれたコーヒーで一服しました。同行の中村みつをさんの連載を山岳雑誌で担当し、あそこは山だったのだ、と知りました。

日比谷線を下りて、中目黒を代官山方面へ歩きます。30分前は、通りにちょんまげのカツラを並べたお土産さんやらが並ぶ浅草の門前通りを歩いていたので、スタイリッシュなセレ

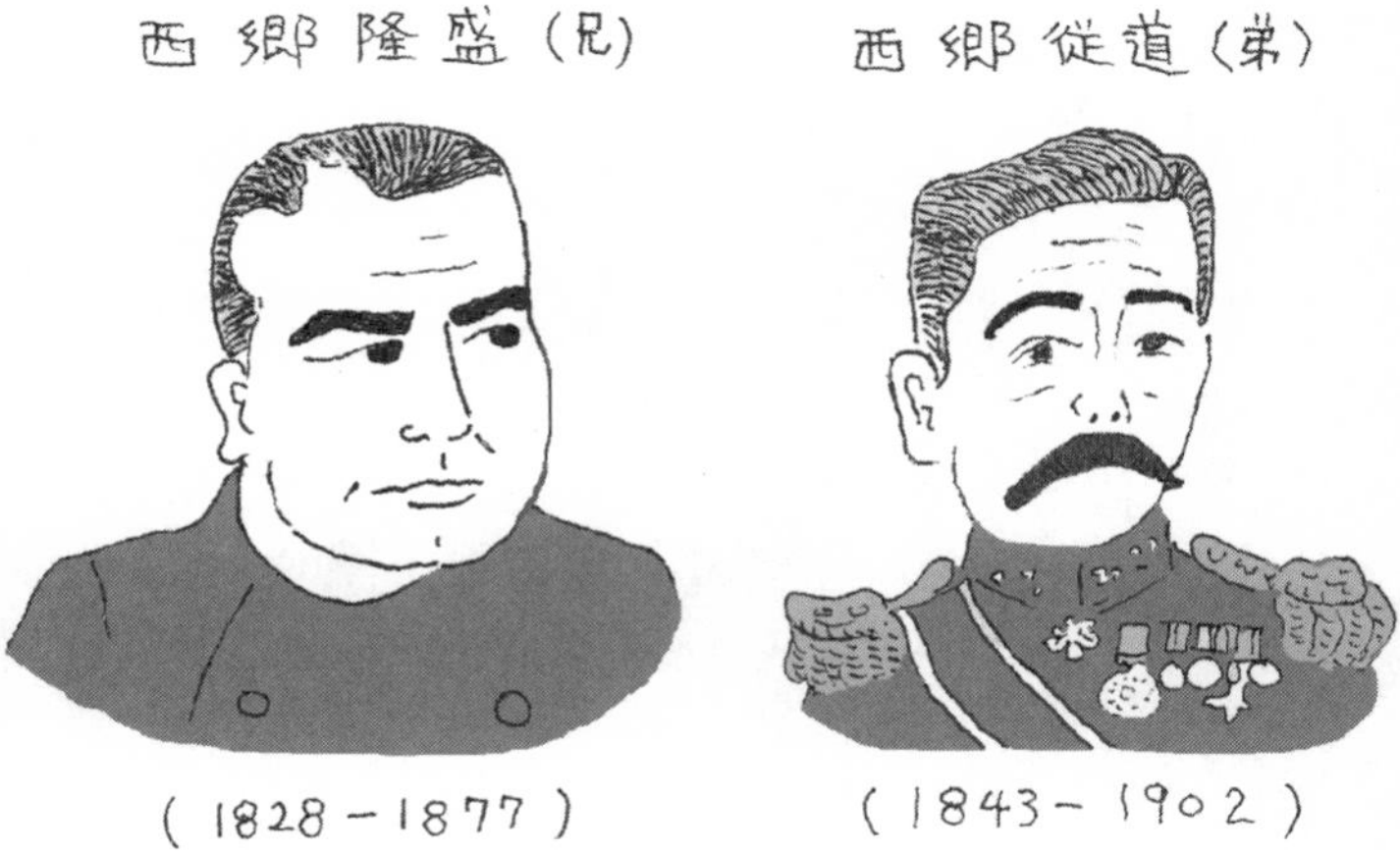


クトショップが並ぶ街並みに少々気遅れ気味。

代官山へさしかかると、急勾配の坂道がつづきます。見上げたその先に樹々におおわれた西郷山が見えてきました。

「登山道は3本あるんだ。おすすめの道は、つづら折れに登る道」

みつをさんのおすすめの道は、ジグザグ登っていくまさに登山道でした。パーッと開けた山頂。そこにあった石碑に山名の由来がくわしく書かれていました。

この山頂部分には、江戸時代末期、豊後・竹田の城主中川修理《しゅうり》大夫《だいぶ》の別邸が建っていたそうです。明治の初め、西郷隆盛の弟である従道《じゅうどう》が、兄の隆盛を東京で迎えるときのためにこの屋敷を買い取り、敷地2万坪という広大な庭園と邸宅を構

西郷従道邸
明治20年 建築
現在、愛知県犬山市の明治村に移されている

えました。1877（明治10）年、西南戦争で西郷隆盛は敗れ、この邸宅と庭園を見ることはないまま他界したのです。

西郷隆盛が没した後も、従道は、国の要職を歴任。兵制や警察制度の制定、殖産興業政策の推進に尽力しました。現在、その邸宅は愛知県犬山市にある明治村に移築され、その建物は国の重要文化財に指定されています。西郷山と人が呼ぶようになったこの山に、西郷さんの痕跡を偲ばせるものが。西郷さんの郷里、鹿児島県の人々から贈られた約200本の樹木が植えられています。

西郷山へはぜひ晴れた日に。そこからの夕陽は開放感があって、空が広くて山の山頂にいることを実感させてくれます。明治時代、近代国家の礎を築いたひとり西郷従道も、こうして庭園から夕

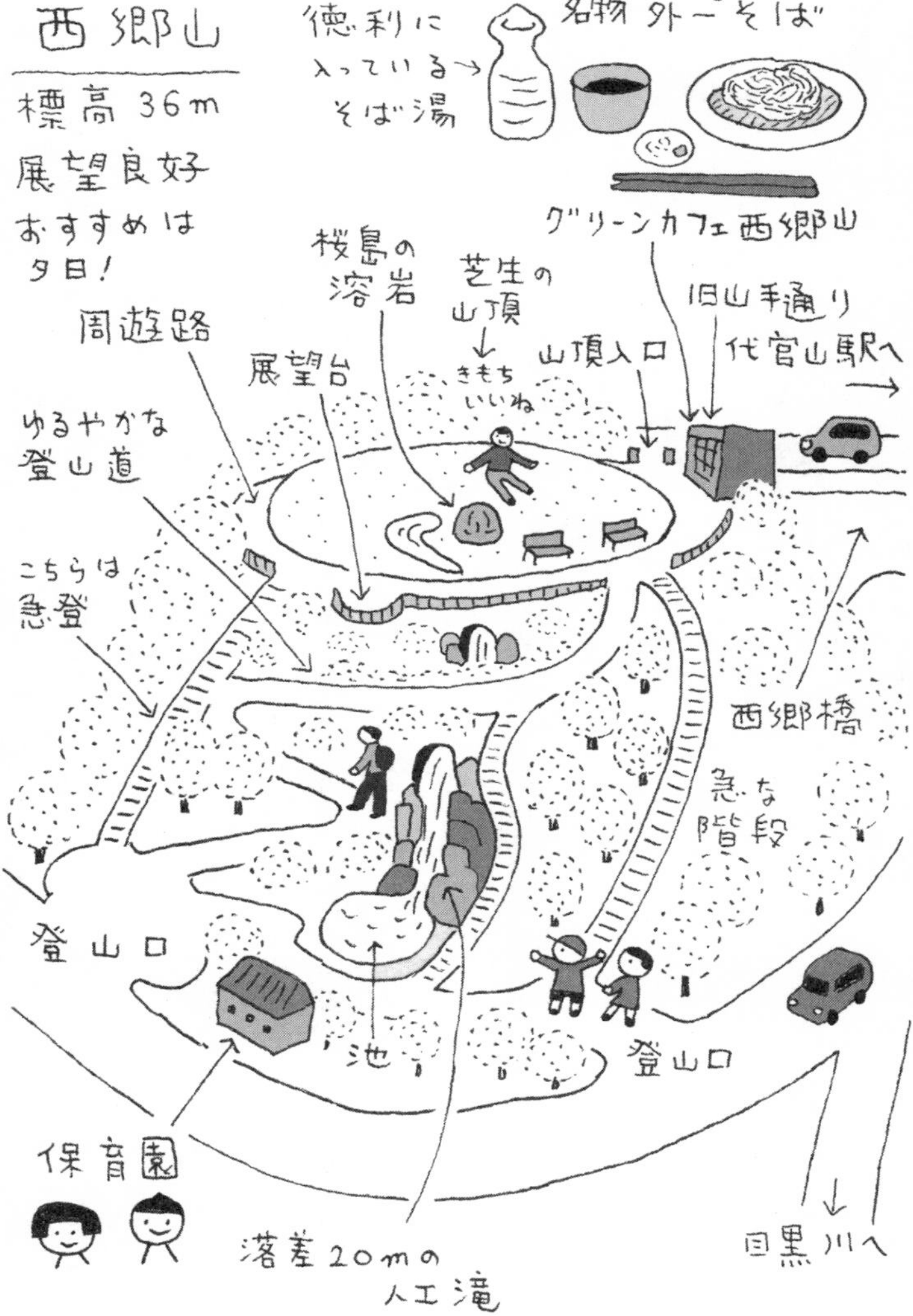

西郷山
標高36m
展望良好
おすすめは夕日!
徳利に入っているそば湯
名物 外一《といち》そば
グリーンカフェ西郷山
桜島の溶岩
芝生の山頂
きもちいいね
周遊路
展望台
山頂入口
旧山手通り
代官山駅へ
ゆるやかな登山道
こちらは急登
西郷橋
急な階段
登山口
池
登山口
保育園
落差20mの人工滝
目黒川へ

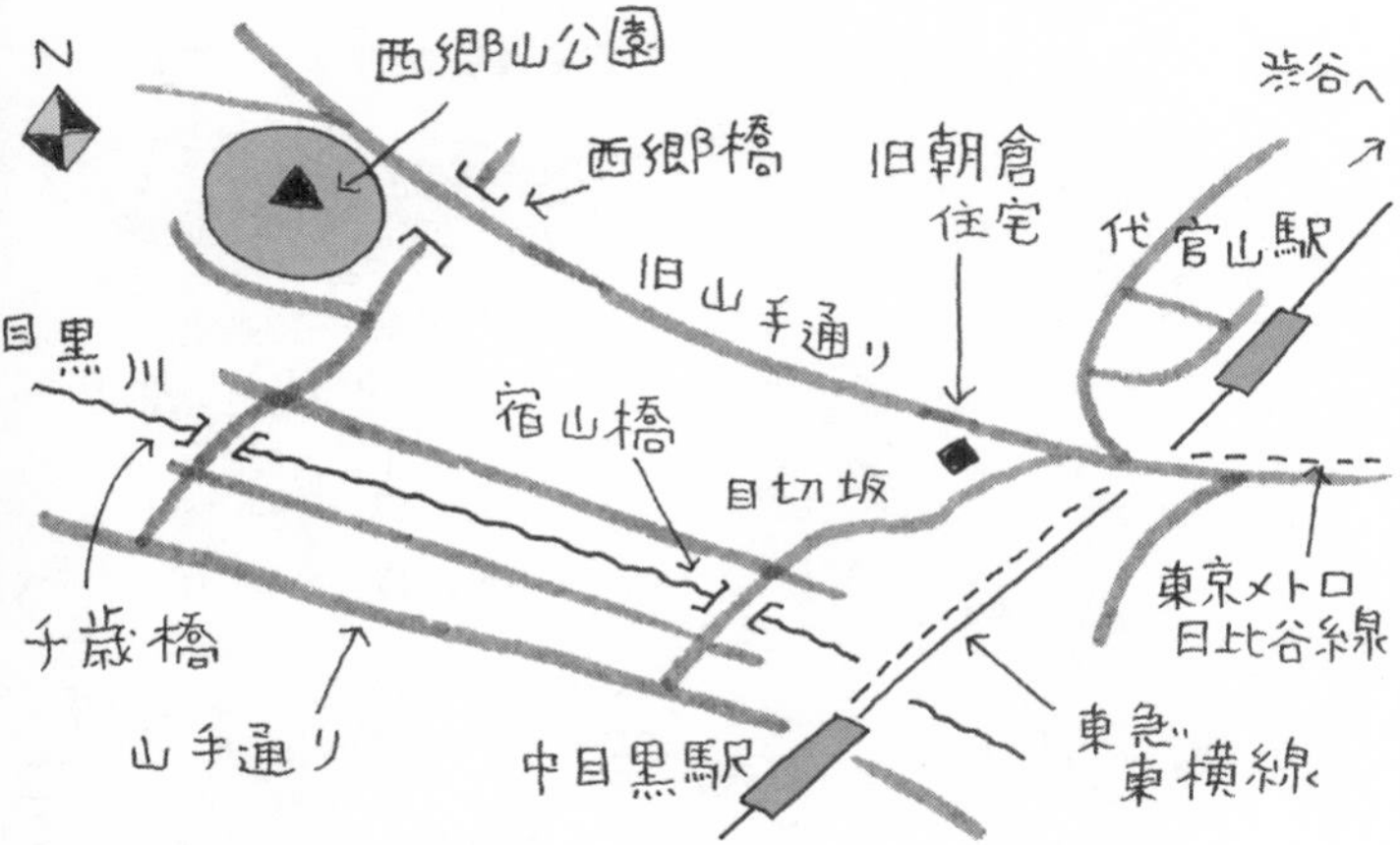


西郷山公園
東京都目黒区青葉台
2-10-28
東急線代官山駅、または
東急線・地下鉄中目黒駅
から徒歩15分

陽と富士山を望んだのでしょう。本当は、兄、隆盛と新しい国づくりをしたかったという無念の思いも抱えながら。

公園を出て、「代官山蔦屋書店」に寄り道します。時をびゅーんと超えて、明治時代から平成へ。浅草から歩を進めた東京・超低山山名一日探訪。想像力を駆使した一日の夕方、一日歩いたからではない心地よい疲労感を感じながら、代官山の街を通り抜けました。

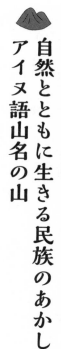

## 自然とともに生きる民族のあかし
## アイヌ語山名の山

アイヌ語の山名を地図上で見たときの衝撃。ウペペサンケ山、ピリカヌプリ、なんてうつくしい響き、と。キムンタップコップ岳には、わっ♪ かわいいと心躍りました。北海道の山にずっと憧れて大雪山《だいせつざん》、利尻岳《りしりだけ》、増毛《ましけ》山地、ニセコ周辺などを歩きましたが、アイヌ語地名の意味を想像しながら歩くのはとても楽しくて、アイヌ文化そのものを知りたいと思うように。と同時に、アイヌの人びとが負わされてきた理不尽な歴史に目を向けることともなりました。江戸時代・幕藩体制下における蝦夷地政策、明治政府下における旧土人保護法という名の差別、風習・習俗の同化政策、たびたびの強制移住、などアイヌ固有の文化を継承してくのはとても困難な状況が続きました。地名もまた、和人によって漢字が当てられ、アイヌ語の意味が失われた事例がいくつもあります。

ひと目ぼれしたウペペサンケ山（河東《かとう》郡上士幌《かみしほろ》町／鹿追《しかおい》町　１８４８ｍ）の意味は、「雪どけ水を出す山」。ピリカヌプリ（浦河《うらかわ》郡浦河町・広尾郡大樹《たいき》町　１６３１ｍ）は、「美しい山」。キムンタップコップ岳（二海郡八雲町・瀬棚郡今金《いまかね》町　３２２ｍ）は、「山にあるたんこぶのような山」。（※高い山＝シリ、ヌプリに対して、キムンは生活圏のなかにある山）

　この項では、アイヌ語山名の意味を解説することを目的とせずに、アイヌ民族の山名に対する考え方を知り、山名からアイヌ文化そのものを知る入口をめざしたいと思います。また、遠い過去の歴史上のものではなく、近しいことだと感じられる「登山者とのかかわり」についても紹介します。

　アイヌの人々の自然観は万物に神が宿るという自然崇拝が基盤です。神と人間は対等な関係でもあり、礼を尽くし人としてやるべきこと、やってはならないことを守れば必ず神が必要なものを授けてくれるという考え方でした。

　狩猟採集による生活はその多くを川に頼り、川筋に集落（コタン）をつくり、主食の魚ほか山菜や生活の道具をつくる材料も沢筋から採取、移動も川を使いました。山は登る対象ではなく、生活の中心となる川の源頭部にあるものという存在。ポロシリ（大きな・山）や、リシリ（高い・山・島）、エニワ（エエンイワ＝鋭く尖った・山）など山の地形から名づけたもの、風不死岳《ふっぷしだけ》＝アイヌ語でフプシヌプリ（トドマツが群生する・山）など動植物からつけられた名前をのぞいて、川の名前をそのまま「山」にしたものが大半です。

そのなかでアイヌの生活ぶりを伝えるという点から、知っておきたい山名が瑠辺蘂山《るべしべやま》（旭川市／芦別市／上川郡美瑛町　８５９ｍ）。瑠辺蘂川の源頭ですが、「ル＝道　ペシ＝に沿って下の方へ下る　ぺ＝川」道に沿って下の方へ下る川という意味になり、アイヌの交通路を示している名前です。道内にはルベシベという地名が複数ありますが、現在幹線道路や鉄道が敷かれるなど、現在も交通路となっています。

このように、道内に同じ地名がいくつもあることも特徴。アイヌ語地名はその多くが地形をもとに名づけられているため、同じ地形であれば同じ地名になるのも当然のことだったのです。同じ地名の場所に立てば、地名が指す共通点が見えアイヌ語本来の意味が見えてくる、とアイヌ語地名の著書を多数残した山田秀三はじめアイヌ語地名研究家たちはいいます。「地図読み」ならぬ「地名読み」ですね。

もうひとつ、アイヌの精神世界を知るうえでとても興味深い山を紹介します。

西クマネシリ岳（１６３５ｍ）とピリベツ岳（１６０２ｍ）という二つの山。女性の乳房のように見えることから、通称「オッパイ山」として親しまれています（河東郡上士幌町）。その山容はまさにおっぱい、で思わず見入ってしまいます。この山がアイヌの口承伝承「ユーカラ」の調査、伝承に努めた山本多助エカシ（エカシは長老という意味）が、著書『オッパイ山』（上士幌町役場）のなかでここを「神々の国造りの舞台、民族発祥の地」としたことを所以《ゆえん》とし、その名も「オッパイ山祭り」が、ウタリ協会上士幌支部・上士幌ウタリ文化伝承保存会によって１９８５（昭和60）年から毎年開催されているのです。お祭りでは神格を有する霊に祈りを捧げる儀式「カムイノミ」が行われます。

おっぱい、つまり母乳を命の源＝民族発祥の地とするのは、この山から流れ出る水＝母乳がすべての命の源である、というアイヌの自然観を伝えてくれているような気がしました。

口造りの舞台とされたオッパイ山ですが、それぞれの山の意味を調べてみると、ピリベツ岳は「美しい川の源頭にある山」、西クマネシリは「物干し棚のような山」。と突然、生活感満載に⁉　そこがまたおもしろくて、アイヌ語山名の世界にはまっていくのでした。

まさに……、の山容で地元の人に「オッパイ山」として親しまれています

2015年7月6日に行われたオッパイ山祭りでの神事行事のようす（写真提供＝上士幌町役場・上も）

それでは、つぎに日高の山と岳人についてのエピソードを紹介します。
日高山脈の地図に目を向けると、いかにもアイヌ語という響きをもつ山々が連なっています。そのなかの一つ、カムイエクウチカウシ山（日高郡新ひだか町・河西《かさい》郡中札内《なかさつない》村　1979m）の名づけについて、北海道大学山岳部（以下＝北大山岳部）の部報2号（1929（昭和4）年にくわしい記述がありました。同年、著書『北の山』（中公文庫）を著したことでも知られる伊藤秀五郎ら部員5人が、1月3〜14日幌尻《ぽろしり》岳〜戸蔦別《とったべつ》岳《だけ》を縦走します。案内人はアイヌの古老、水本文太郎らふたり。水本老人は、明治期、参謀本部陸地測量部の山案内人として従事、北大山岳部創設当初から案内人として山行を多くともにしました。リーダーの小森五作が書いたと思われる次の記録にこうあります。「陸地測量部五万分の一の地図『札内川上流』に載せられている1979・4mの山で、南部日高山脈中の最高峰である。従前は山名がなかったため、1900mの山と呼んでいた。ところが私たちがトッタベツ岳に登った日のその晩、水本老人から、これがカムイエクウチカウシという山だということを聞いた。（中略）それで私たちは、今後この山をカムイエクウチカウシ山と呼ぶことにした。
因みに『カムイエクウチカウシ』は『熊を転ばした所』という意味だそうである」（＊）
現在、この山の解釈は「熊が岩崖を踏み外して下へ落ちる処」とされていますが、その間

＊旧字・旧仮名遣いは現代仮名遣いに改めた。1929（昭和４）年発行『山とスキー』にも伊藤秀五郎が「日高山脈の地名に就て」と題しカムイエクウチカウシ山の名づけについて同様のいきさつを記している。

には同大のメンバー内から水本老人の記憶があやふやだったなどの理由から、この山は陸地測量部が名づけていた札内岳第二峰とするべきだ、という異論も出ました。しかし、その後の同部OB組織による『北大山の会会報11号』（1941・昭和16年）で、福地宏平が、「水本老人の記憶がまちがいだったとしても、その山にまつわる挿話はかぎりなく美しく、開拓期の部員たちをカムイエクウチカウシと結びつけて思い起こしてきた。この山の姿を永久にその名とともに忘れたくない」という趣旨の論を載せたことで、札内岳第二峰への改称は見送られたそうです。

部報3号（1931・昭和6年）には、水本老人の追悼記事が掲載されています。アイヌ古老に対する尊敬の念とアイヌ語への敬愛、そして日高山脈をはじめとした北の山の黎明期の様子に興奮しながら2号、3号をはじめとした同大部報を読み進めました。

その中の一節、井田清の追悼文。「小屋の前には燈明の様に小さな焚火がともっていた。水本の爺さんは、その中で神様のようにニコニコとしていた」（＊）。

わたしにとって日高は、実力を超えた山域です。ですが、アイヌ古老と岳人たちの交流を知り、日高の山々が目の前に鮮やかに映し出されたのです。そこにはニコニコ顔の水本老人もちゃんといます。またひとつ、人と山を結びつけてくれた部報耽読でした。

登山者の安全と、先人のつけた地名を守るために
# 北大山の会が地形図の地名修正を働きかけ

日高山脈の山名、沢名は、先述したように、北海道大学山岳部の先人たちが足跡をつけ、案内人を務めたアイヌ古老の記憶にある呼び名から名づけたものが多くあります。

日高山脈は、登山道が整備されていない山々が多く、登山者は過去の山行報告や案内書を参考に、国土地理院発行の地形図を頼りに、沢を遡行し山頂を目指します。この地形図の表記が間違っていることに気づいた北海道大学山岳部（以下北大山岳部）のOB組織・北大山の会が修正を要請、所在市町村の中札内村、国土地理院北海道地方測量部へ働きかけ、2013（平成25）年1月、地形図表記が修正に至ったことを北海道新聞の報道と、北海道大学山岳部のウェブサイトで知りました。

北海道の山にたくさんの軌跡を残してきた北大山岳部が、さらに地形図の修正！ 校閲！ またまた驚いてしまったのですが、それはきっと北大だからこその日高への思いや、登山者への思いがあったからにちがいない。そう感じ、北大山の会会長・北海道大学農学部教授

（取材当時・現在は退任）の小泉章夫氏に、その経緯についてうかがいました。

日高の地形図に誤記があるという指摘が会員のひとり、野田四郎さんからあったのは、2006（平成18）年7月。「キネンベツ沢」が「札内川」本流に、札内川本流が「十の沢川」になっているというもの。同会は指摘をうけて、日高山域の地形図を調べた結果、1991（平成3）年の発行の地形図から、改訂表（P97）に示す6カ所の誤表記を確認しました（うちピラトミ山という表記は1959（昭和34）年ごろからの誤表記）。

同会は、国土地理院北海道地方測量部に照会のうえ、2012（平成24）年7月7日、地元の中札内村に地名の訂正の要請を行いました。同年7月21日には、北海道新聞が「日高山脈の地名表記　混乱招く」「地形図の誤り訂正を」として、この問題について報道しています。この報道によれば、「当時の村の担当者は道が出していた北海道河川一覧を元に照合したようだ。その一覧の表記が間違っていた可能性が高い」（田村光義村長）とあります。

同会が提出した要請書には、「登山者が過去の登山報告書や案内書にしたがって入山したときに地形図の名称の誤りに気づかず、予定していなかった支流に入ってしまうおそれ、あるいは遭難時の救助要請や遭難者の捜索活動に重大な混乱を引き起こすことが懸念されます」と明記されています。

小泉会長は、「まずは登山者の安全が第一の理由ですが、日高の山々のアイヌ語地名の響きに憧れて北大山岳部に入部した学生も多くいます。そして山岳部の先人がアイヌ古老とともに山を歩き名づけた山や沢も多くあります（P98参照）。戦前から呼びならわされてきたそれらの地名が、単なる誤記や転記ミスといった理由から今後変わっていってしまうのは、なんとも残念だ、と思った会員もいたと思います」と話します。

訂正が急がれるものとして、表に上げた6カ所のうち、沢の位置ごと間違っていた札内川上流の「十の沢川」を「札内川」に修正し、「札内川」を「キネンベツ」あるいは「記念沢」に修正する、という2点に絞って修正の要請をしていた同会ですが、先の北海道新聞の報道を受けた所在市町村の浦河町が、「コイボクシュメナシュンベツ」「ニシュオマナイ」、さらに中札内村から、長く登山関係者からは間違いに気づいていたものの放置されていたピラトコミ山についても修正をしたい、という要請が国土地理院に出され、結果6カ所すべてが修正に至りました。

「アイヌの人は、生活の場として沢や山の名前をつけました。沢名の由来と地形を見比べながら歩くと、とても興味深いのです。北海道外から訪れる登山者にも、アイヌ語の由来などを調べてから入山されると、とても味わいのある山行になると思います。その名前が入れ替わって表記されてしまっては、もともこもありませんので、時間はかかりましたが、正しい地名に修正することができて、収穫は大きかったと感じています」（小泉氏）

　登山者の安全を願う気持ち、先人たちの足跡や歴史を大切に思う気持ちが、北海道の地形図には反映されています。

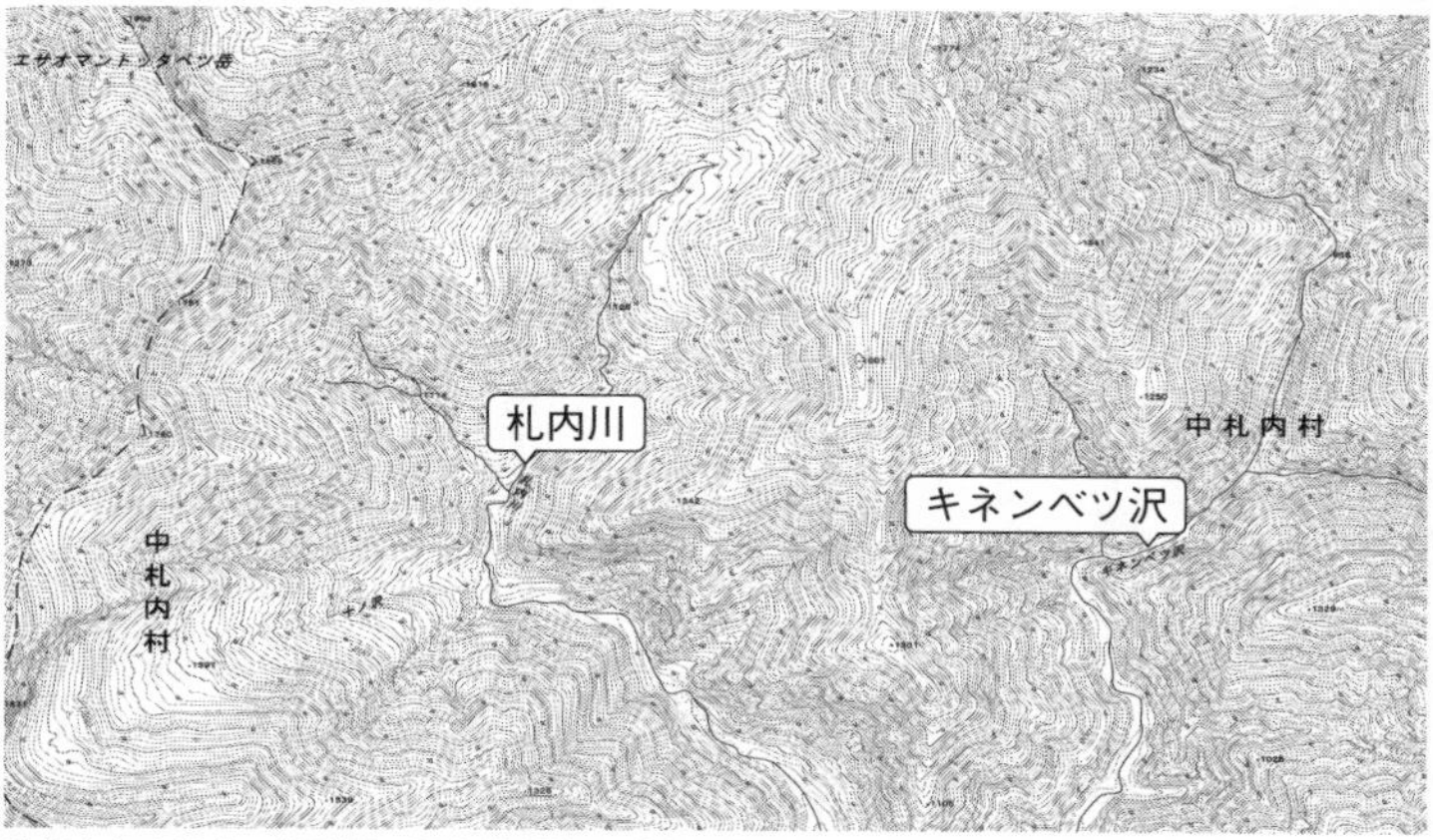

改訂された現在の地形図。国土地理院の『地理院地図』より転載。一部加工

### 地形図で修正された地名

| 従来の地名（修正後） | 誤記名 | ２万５千図 |
|---|---|---|
| キネンベツ沢 | 札内川 | 札内川上流 |
| 札内川 | 十の沢川 | 札内川上流 |
| ピラトコミ山 | ピラトミ山 | 札内川上流 |
| ニシュオマナイ | シュオマナイ | 元浦川上流 |
| コイボクシュメナシュンベツ | ニクボシュメシュウベツ | 日高幌別川 |
| カシコツオマナイ | カシュツオマナイ | イドンナップ岳 |

# こんなにあるよ　ふるさと富士

空から山から電車の中から銭湯の湯船から。いつでもどこでも、富士山が見えると、思わず「あ、フジサン♪」。

これは、だれにだって経験があるはず。富士山が見えると、無条件にうれしいし、「富士山の見える山」とキャッチがつくだけで、平凡な低山だってちょっと格があがってしまいます。この富士山の絶対的エース感はすさまじい。完璧な円錐型の独立峰は、裾野を大きく広げ四方から眺められます。「河口湖側から見る富士山がいちばん美しい」、「いやいや、やっぱり静岡県側、海岸線越しに見える姿がいいでしょう」、「高層ビルの向こうに見える富士山もご利益度満点よ」なんて、富士山自慢もはじまったり。それだけではありません。富士山のお姿を、直接は望むことができない日本の津々浦々に、○○富士という名のふるさと富士＝おらが富士が存在します。その数は全国でじつに400以上とも。さらには、海を越え

**八丈富士（西山）** はちじょうふじ（にしやま）
東京都八丈町　854m

八丈島・八丈富士（西山）。江戸時代、凶悪犯でなく、思想犯や政治犯が流されてきた流人（るにん）の島。流人は文化や教養を島の人に伝えました。海の向こう、遙かな江戸を思い、流人たちは八丈富士を眺めて、遠き富士、江戸を懐かしんだにちがいない、と思うのです。
八丈富士は、御鉢めぐり、火口を望む浅間神社と、完璧なる富士山登拝要素をそろえています。その浅間神社の荘厳さは、身震いがするほど。火を噴く山として怖れられ、信仰の対象となったそのままの姿に、富士信仰の原形を見た思いがしました。

て、アジア各国、ロシア、南米まで。海外にも〇〇富士は存在し、その多くは日系移民が名づけたものとされています。

この項、〇〇富士を、なるほど！　と思うために、富士信仰について少しだけ。

自然崇拝と神仏習合という独自の信仰のあり方をつくってきた日本人。このことは、「山には神様がいっぱい」の項でも紹介しました。そのなかでも富士山は象徴的な存在です。もともと、人々は富士山を噴火を繰り返す荒ぶる神として恐れていました。その荒ぶる山をおさめるために祀ったのが、「浅間大神《あさまのおおかみ》」で、全国に１３００以上あるとされる浅間《せんげん》神社の祭神です。当時の人は、そんな富士山に登るなどと考えてもいません。怖れ、祈り、遥拝する対象だったのです。

富士山を信仰の山、登って拝む対象とするきっかけとなったのは平安時代。「末代上人《まつだいしょうにん》」という僧侶が富士山に何度も登り、富士山を修験道の地として開拓しました。富士山麓に多数遺構が残る「村山修験」の祖となりますが、その後長く富士山は修験者のみが行を行う地とされていました。戦国時代に登場するのが「長谷川角行《かくぎょう》」という修験者です。角行は、富士の麓にある人穴《ひとあな》という洞窟（通称＝胎内）にこもり、荒行に臨みました。修行の末にたどりついた教えは、意外やとても身近なもので、商売繁盛、難病平癒、家内安全、夫婦和合、という庶民にもわかりやすい内容です。角行のあと、江戸時代中期に登場するのが「食行《じきぎょう》身禄《みろく》」。このお方も、一生懸命働くことと質実剛健を唱えた人。身禄の教えは、「世のおふりかわり」という「財産や富は仮のもので永遠ではない。男女平等で身分制度のない世の中に変えよう」という教えでした。江戸後期には、百姓一揆も頻発。民衆の世直しへのエネルギーが熱狂的な身禄支持へとつながったのでしょう。

身禄は、1733（享保18）年富士山7合5勺の烏帽子岩で31日間の断食をして、岩の中で没し即身仏になったとされています。身禄の教えは庶民に支持され、「富士詣」がさかんになります。そして、富士詣をするための寄合、互助組織といってもいいと思いますが、「富士講」が組織され、江戸後期になって爆発的に流行しました。単純にいってしまえば、「富士山に登るとご利益がある」という信仰。そして、富士詣は一生に一度しかないかもしれない「行楽」と「旅」でもありました。

富士山にはとても遠くていけない、という日本の津々浦々の人々が、ふるさとの富士を○○富士として、浅間神社を祀ったのです。一方で、もっと以前、登る対象ではなかった自然崇拝の時代から、遥拝の対象としていたふるさと富士もあります。

全国のふるさと富士を集めた解説本を編集したことがあります。毎日、毎日、全国のふるさと富士の写真を眺め情報を地図に落とし込む作業を続けました。あるあるある……、美しいふるさと富士。完璧な円錐形。その多くには、富士山と同じ浅間神社が祀られていて、地元の人の信仰をあつめる存在です。

完璧なスタイルが麗しい、独断で選んだふるさと富士山事例を左に紹介します。勝手なセレクト基準は、全国区ではメジャーではない低山で、そこに住むだれもが「おらが富士」と認知していること（地元市町村役場も、いや知らない、という○○富士もなかにはあるので）。円錐形が完璧で、見たまんま富士山であること。

皆さんのご近所にもきっとあるはずです。ふるさと富士。人々は、おらが富士を遥拝したり、登拝したりして、本家富士山と同じご利益を授かったと信じ、日々の暮らしのよりどころとしたのですね。

①釜谷富士

②下田富士（一岩山）

③讃岐富士（飯野山）

④有馬富士（角山）

⑤近江富士（三上山）

①北海道函館市　243m
（写真提供＝函館市戸井支所産業建設課）
②静岡県下田市　191m
③香川県坂出市・丸亀市　422m
④兵庫県三田市　374m
⑤滋賀県野洲市　432m

## ぜんぜん富士山に見えない「愛おしいおらが富士」

**御富士山**　おふじやま　栃木県那須郡那須町　497m

どうしても気になる「ふるさと富士」があります。前ページで紹介したような円錐形でもなく、それはぜんぜん富士山に見えない、ゆるやかな丘のような山です。ですが、わたしがダントツで好きなふるさと富士がこの御富士山。そう、偏愛です。

人はこんなにも富士山を求めていたんだなあと、いじらしいというか、けなげというか、人の心が富士山をつくりだしたと感じられるふるさと富士だからです。

調べていくと、この山の木々の間からは、富士山が望めるそうです。だから御富士山？でも、季節は限定。晩秋から冬の晴れた日。私が歩いた日にはさっぱり見えませんでした。後日、「御富士山について調べています」と那須町役場に問い合わせると、わざわざ役場の方が、山に足を運び、山頂からの展望写真を撮影して送ってくださったのです。また偏愛が強まります。

頂上には、浅間様が祀られた控えめの祠があります。浅間様が建立された年代は、不詳。

毎年、9月1日には、五穀豊穣、家内安全を祈願して地元に古くから伝わる民俗芸能である獅子舞が奉納されています。

御富士山の麓は、第二次世界大戦後、1947（昭和22）年頃に満洲からの引き揚げ者をはじめとした開拓団が入植したエリアが広がっています。開拓民の中には、樺太、朝鮮、東京からの疎開者もいました。加えて、小笠原諸島、八丈島、硫黄島からの強制疎開者も。硫黄島を例にすれば、朝、強制疎開の命令が出て、親子の対面もできないままその日の昼には船に乗せられる、というものだったそうで、肉親者とそのまま生き別れになった人も多くいました。島民、1200人のうち、16歳から45歳の男子は軍隊に従属することを命じられ、全員が戦死。強制疎開者も本土空襲によりさらに犠牲者を増やします。その硫黄島からの強制疎開者が那須に住んでいたこと、しかも開拓民として苦難の歴史を背負わされていたことは、御富士山に出会うまで、まったく知りませんでした。

道路も水道も電気もない荒れ地の開墾は、想像を絶する厳しいもので、とくに硫黄島はじめ、南方の島からの強制疎開者は、那須の寒冷な気候に耐えられず病死した人も多数いたそうです。

開拓民の方にとって、御富士山はどんな存在だったのでしょうか？　厳しい毎日のなかで、富士山はきっと心の、もしかしたら、かつて住んでいたふるさとを思う、よりどころだったのではないだろうか？　八丈島にも八丈富士がある。硫黄島にも富士に似た擂鉢山《すりばちやま》がある。そんな勝手な想像をして、入植当時を知る開拓民の方にうかがってみました。

「毎日必死だったから、山を眺めたり、拝んだりするどころじゃなかった」

そうなのだ。都合のよい想像をしていた自分が、少し恥ずかしくなりました。開拓民が向き合わなければいけない毎日は、富士信仰どころではない。目の前の荒れ地を開墾するため、足元の土を見続ける日々。そんな戦後の歴史の一端をはじめて教えてくれたふるさと富士でした。

あくまで都合のよい解釈が頭に浮かびます。広大な酪農地帯の只中に、ゆったりとたたずむ御富士山は、きっと開拓団の人々をこうして見守っていたのだ。だれが拝もうとしなくても、登る人がいなくても、きっと少しずつ、小さな、小さなご利益を授けていたのだと。戦後70年がたった今、御富士山の麓には、日本でも有数の酪農地帯、牧歌的な平和な風景が広がっています。

「御富士山」という名前でなければ、絶対に注目することはなかった山。山名がわたしを導き、教えてくれた「土地の記憶」です。

酪農地帯にゆったりとたたずむ御富士山（写真提供＝那須町役場・下も）

山頂の浅間様。ここで獅子舞が奉納される

## ご近所のお富士さん――富士塚

東京、埼玉、千葉、神奈川など、おもに関東の首都圏に、「○○富士」と名のつく山というか、遺跡というか、なんというか、築山を目にしたことはありませんか？　都内はとくに神社の境内にあるものが多く、ゴツゴツ黒い岩山に、なにやら書かれた碑やら祠やらが置かれている、あれです。

前述した、ふるさと富士。人々が住む麓から仰ぎ見る富士山に似た姿の山をふるさと富士、おらが富士としてきた日本人。それだけでも、日本人の富士山愛好ぶりがうかがえるけれど、こちらは、富士山のミニチュアをつくっちゃえ、と庶民がつくった富士山＝富士塚です。そういえば、「貝塚」のことは、小学校の教科書で習った記憶があります。が、富士塚って習った記憶がない！（住んでいた街に貝塚があっただけで、記憶がないだけかも）。でも、それは日本人の思想を知るのに、最適なアイテムだと思うのです。

ふるさと富士の冒頭で概略を紹介した「富士講」は、一生に一度行けるかどうか、という富士詣が目的の寄合。しかし、富士詣でには、概ね16日間を要し、途中けわしい山や峠を越えていかなければいけません。女性や年配者には、とてもむずかしい行程でした。そこで、老若男女が富士詣と同じご利益を得られる山として、築いたのが「富士塚」だったのです。なんともユニバーサルな考えではないか！　それも大真面目に、「これが富士山です」と。

初めて富士塚を築いたのは、富士信仰を庶民に広めた身禄《みろく》（P106参照）の没後47年後の1780（安永9）年（＊）。高田藤四郎という身禄の弟子のひとり。現在の東京都新宿区西早稲田の水稲荷神社のなかにある富士塚で、通称高田富士と呼ばれています。もともとあった場所は別の場所ですが、早稲田大学のキャンパスが拡張される際に取り壊され1963（昭和38）年に現在の地に移転しました。キャンパス拡張で取り壊し!?　と思いますが、都内にある富士塚は、いくつもがそうした憂き目にあっています。

この高田富士、もともとは、師匠の身禄を思っての慰霊碑だったのかもしれません。それが庶民の心をつかむ。「富士山のご利益を授かれるらしい♥」と。そのミニチュア富士を「お富士さん」と親しみを込めて呼びました。

富士塚の重要なアイテムは富士山の溶岩（ボク石）。これは、本物でないとダメだったの

＊水稲荷神社の公式ウェブサイトによる。1779（安永8）年に築造という資料もある。

です。なんていったって庶民が求めたのは、本物のご利益。「うちの足の悪いばばさま、ばばさまを置いて出られないおっかあにも富士山のご利益を授けてください」と願う庶民がいたに違いない。とわたしは思います。

富士塚にはさまざまな形があります。富士山の溶岩＝ボク石を贅沢に使い財力を感じさせるもの、埼玉はじめ内陸の富士塚に見られる、ボク石は少なめでもともとあった小山を富士に見立てて富士塚アイテムを追加したものもあれば、土を盛って高くしたものも。

わたしが惹かれるのは、この先人の奇想天外ともいえる想像力。山の名づけ由来でもいつも驚かされる、大真面目で切実なる、そしてユーモア、愛おしさも感じさせる先人の想像力なのです。

山の名前探訪。それならば富士塚は、濃厚なる思い、文化がつまった超低山ではないか。しかもその山名に「おっ♪」とまた反応してしまった富士塚が二つ。

これは、行かねばなるまい。性格も成り立ちも趣も真逆、二つのご近所のお富士さん訪問記は、次のページから。

富士塚は江戸の名所を描いた錦絵にも多く描かれた。『江戸自慢三十六興』「鉄炮洲いなり富士詣」（都立中央図書館特別文庫室所蔵）。鉄砲洲富士訪問記は次のページから。

山名探訪記❷　歩くとわかる　見えてくる

# ご近所のお富士さんに会いに

五度目のお姿にごあいさつ
山開き登拝記

## 鉄砲洲富士《てっぽうずふじ》

東京都中央区

中央区八丁堀。地下鉄の駅を出て、隅田川の河口近く、亀島川沿いにある鉄砲洲通りに沿って鐵砲洲稲荷神社へ。オフィス街のど真ん中にある神社本殿の奥に、ひっそりと、そのお富士さんはたっていました。

「鉄砲洲という地名は、江戸時代にこの洲で大砲と鉄砲の演習が行われていたからといわれています。従来、洲の形が鉄砲に似ているからという説もありますが、江戸時代中期の旗本、政治家で学者でもあった新井白石は、この説は誤りであると記しています」と宮司の中

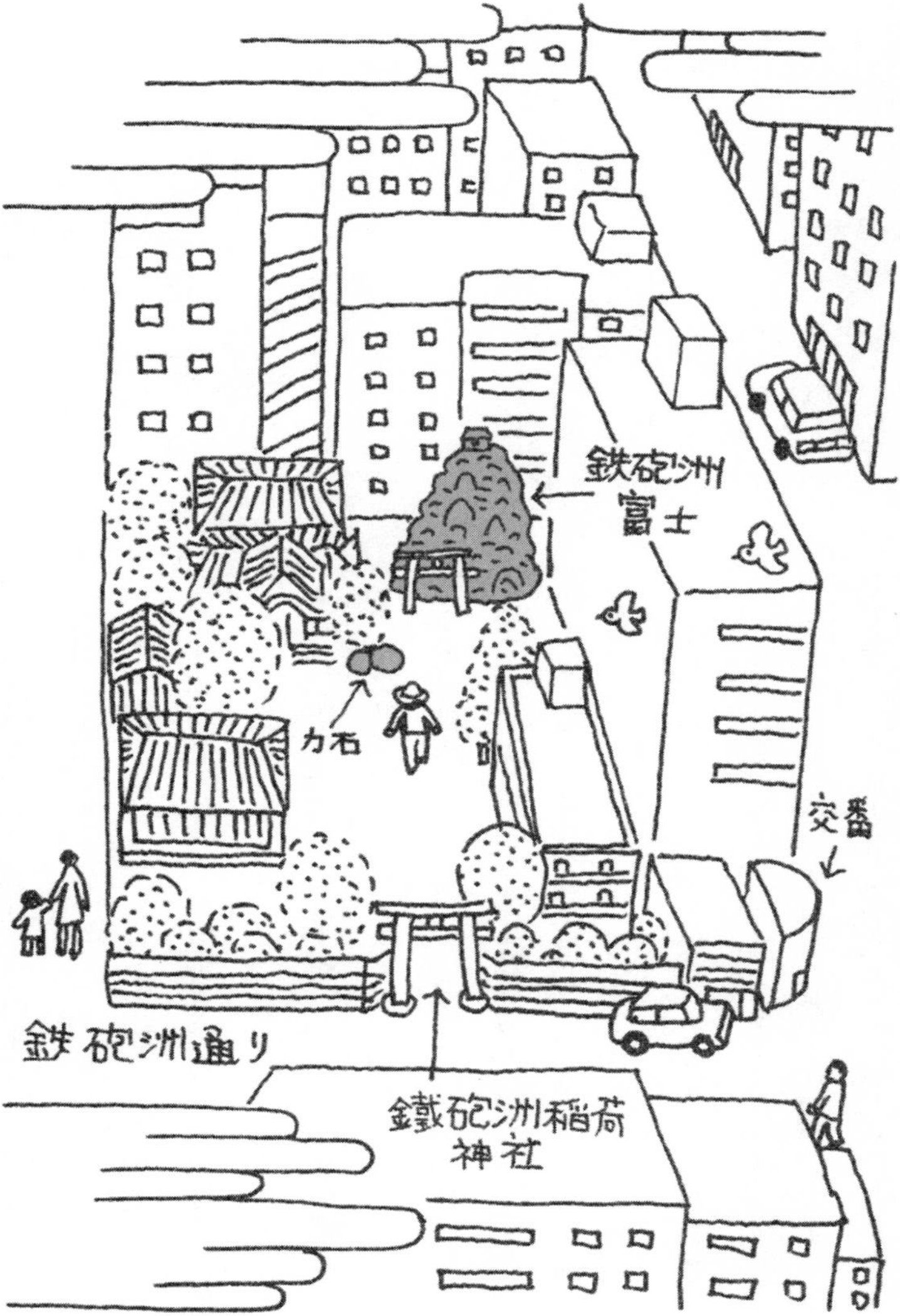
鉄砲洲
富士
力石
交番
鉄砲洲通り
鐵砲洲稲荷
神社

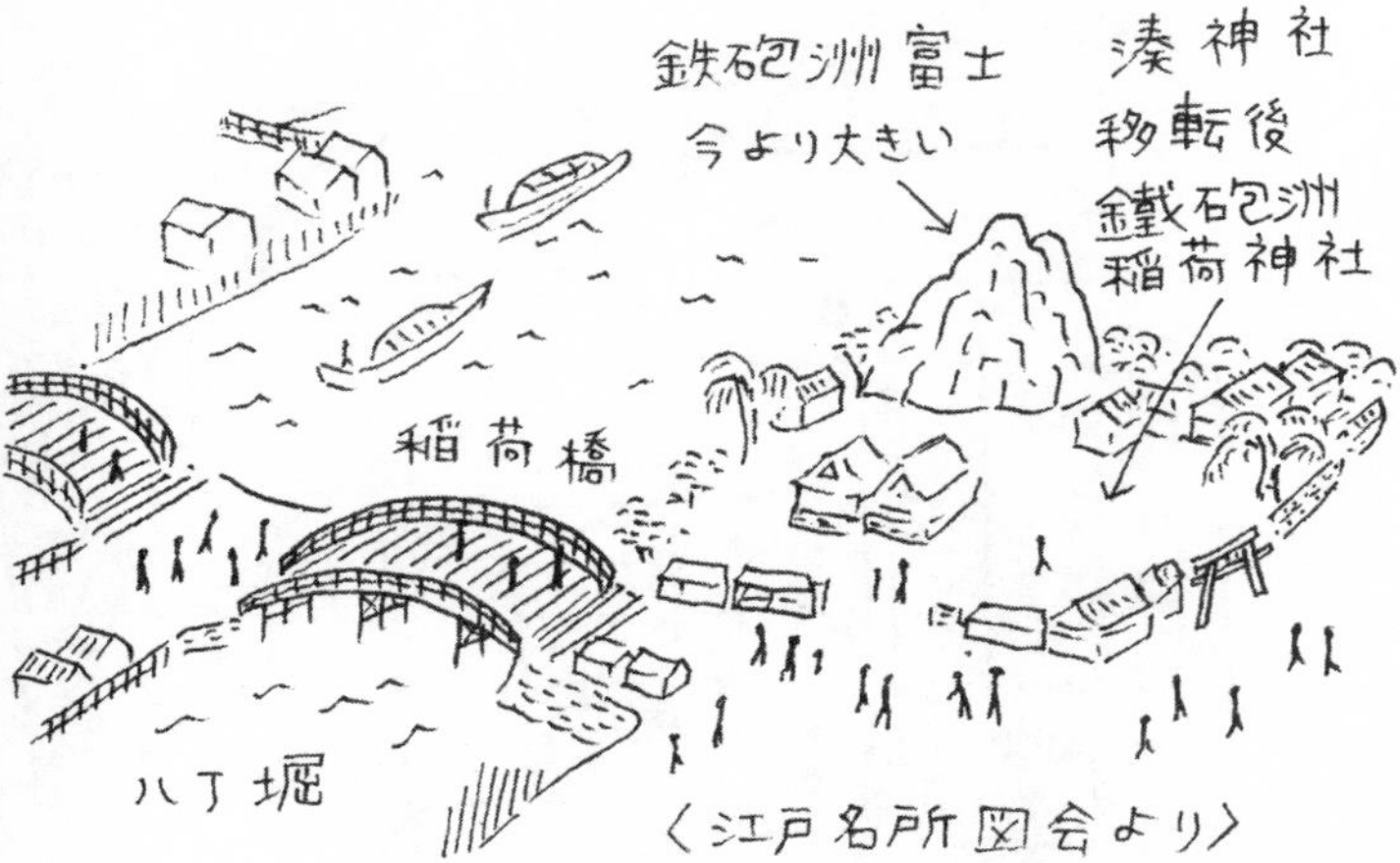


川文隆さんが「鉄砲洲」の由来についても教えてくださいました。

この富士塚は1790（寛政2）年築造。神社の移転などに伴って、五度も移築、形を変えている「お富士さん人生にも悲喜こもごもありまして」と語りたくなる富士塚でもあります。前々回の移築は、関東大震災後の区画整理の際（火災で本殿は消失。その後、1935・昭和10年に再建）、同じ境内のなかで移築されました。築造のころからは、3分の1ほどの高さになっていて、高さは5mほどに。

『江戸名所図会《ずえ》』には造られた当時の鉄砲洲富士が描かれていて、廻船が出入りする船着場のランドマークとなっていたことがうかがえます。

そして2015（平成27）年秋、鉄砲洲富士築造以来、五度目となるお引越しがありました。２０１１（平成23）年の東日本大震災で富士塚自体は無傷だったものの、周りを囲むコンクリート塀に損傷があり危険、というのが移築のおもな理由。今、ぴったり塀にはりついている富士塚を２ｍほど前に移動、塀を取り払い、より円錐形に近い形で復活となるとのことでした。

前回取材に訪れたのは、五度目の移築の直前。四度目のお富士さんの最後のお姿だったのです。そのとき、宮司の中川さんが話されていたことが、とても強く記憶に残っています。

「ふだんは、富士塚の草むしりなどの手入れもしているのですが、移築が決まり、今ある木も多くが切られてしまうものですから、せめてそれまでは、自然のままに樹も草も好きなようにさせてあげようと思いまして、ちょっと今荒れていますが……」

と少し申し訳なさそうなお顔。でも、つるがからまって、ボク石の隙間からたくましく草を生やしている様子は、自然の山の様相を醸し出していて、わたしはとてもその姿が好きだったのです。

移築の理由ともなっているコンクリートの塀は、先代が築いたものだそう。

「かつては隣にお風呂屋さんがありまして、山頂に立つと、女湯がのぞけてしまうということからだったそうですよ」

山頂
浅間神社
奥宮
鉄砲洲富士
高さ 5.4m
小御岳神社
の石祠（5合目）
ぐるっと一周
できます
胎内

宮司の
中川文隆さん
2015年に
5度目の移築
を行ないました
烏帽子岩
講の石碑が
30ほどある
ボク石で
おおわれている
この印は
「マルフジ」と
呼ばれるもの
登拝は7月1日の
山開きの
日だけ
登山口

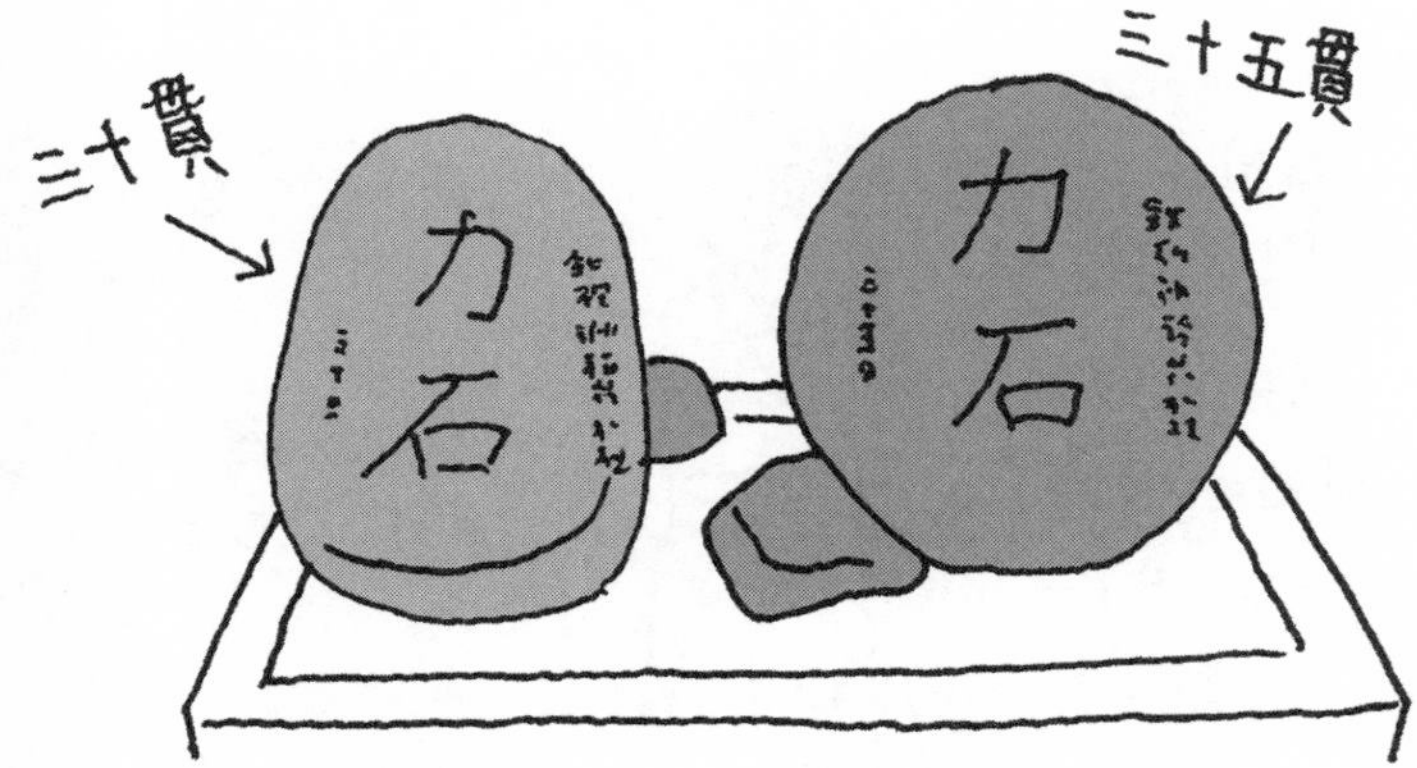


# 力石もあります

なんとも下町風情満点のエピソード。

「先の大戦では空襲の被害には遭わなかったのですか」

「すぐ近くに聖路加病院（現聖路加国際病院）がありまして、アメリカ軍が爆撃しなかったと聞いています」

そんなピンポイントで爆撃目標を決めていたのか、手の内をすべて知っていたんだな、とも知りました。

明治や昭和初期にされた何度かの移築の際には、少しずつ形状も変わっているはずです。マンション建設などさまざまな理由で取り壊されてしまった富士塚が数あるなかで、何度も何度も元の姿に、と溶岩を積み直されてきたこの鉄砲洲富士は、きっとものすごく幸せな富士塚といえるでしよう。

そのときも思ったのです。「ああ、これは呼ばれたんだな。太平洋戦争末期の空襲、東日本大震災、困難な時代を幾度もくぐりぬけてそこで人々を見守ってきた四代目お富士さんが、寄っていきなよーと呼んでくださったのだ」

また来ますね、と深々と頭を下げて鉄砲洲富士をあとにしたのでした。

時は流れて2021（令和3）年7月1日。本家富士山の山開きと同日に行われる「鉄砲洲富士山開き」の日に、五度目の移築を経た現在のお姿を拝見するため鐵砲洲稲荷神社を再訪しました。鉄砲洲富士は、境内の奥。本殿の横には、江戸時代に男たちが力自慢をするために持ち上げたという「力石」も前回訪れたときのままどっしりと鎮座しています。

梅雨の最中、この日は通常富士塚の前で行われる神事は本殿で執り行われました。宮司の中川さんの祝詞が社殿に響くなかで、わたしも頭を垂れていたとき、その向こうに江戸時代、一心に祈る人々の姿が見えるようで、わたしもここに来られたことへのお礼、家族とすべての方の健康、世の中の平穏を祈りました。

宮司の中川さんは、毎年この山開きでは、参拝の方に富士塚の存在と意味について次のようなお話をされているそうです。

「皆さんも、美しい富士山のような心持ちで過ごしましょう。その昔角行（P106参照）も、世の平和を祈って富士山で修業したのですよ」

ここのお富士さんの優しい表情は、草も樹もそのままにさせてあげたいと語る中川さんのお人柄が醸すものだと思う。山とそこで出会った人はいつも重なる。大都会のど真ん中の富士塚にそんなご縁をいただいたことは、山名探訪の大きな大きな収穫、というかご利益？山から離れても、日常をやさしく照らしてくれる光です。

さて、ふだん鉄砲洲富士へは、危険なため山頂までは登れないのですが、一年に一度のこの日だけ登頂が許されています。移築のさい、ボク石一つひとつ、すべてのものにナンバリングがされ、寸分くるわず元の姿に復元されているお富士さん。壁から少し前に移動されぐるりと外周を歩けるようになっています。「また来ましたー」と心の中でごあいさつをしながら一合目からたどっていきます。すぐ隣にぴったりと建つビルでは、会社員の皆様がお仕事中。あ、目が合った……。

ボク石には、年月を経てきていることを感じさせる苔がむしていました。「また歴史がつながった……」。雨に濡れ苔の深緑色が鮮やかなボク石を踏みしめながら、ビルの谷間で、江戸、明治、大正、昭和、平成と続く人々の祈りの軌跡を感じた令和の富士登拝。

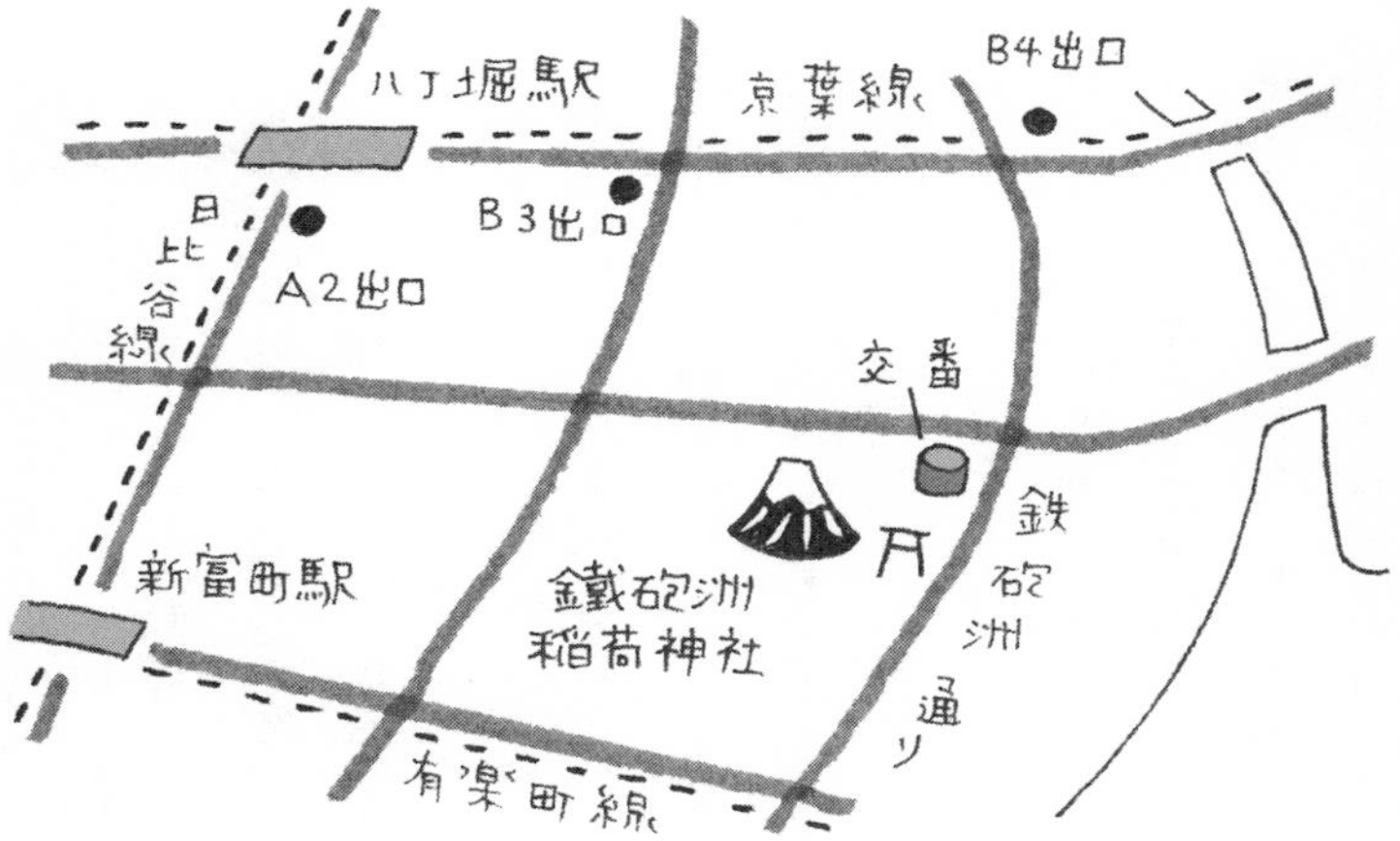


門前に「しげ田」という和菓子屋さんがあります。その佇まいもおだんご、おはぎが整然と並んでいる姿もこれまた美しい。おだんごを1本買って鐵砲洲稲荷神社の横の公園で、都会の青空を見ながらひとごこち。

「また来年も来たいな、山開き」

江戸のお年寄りも女性も子どもたちも、鉄砲洲富士にお参りしたあと、こうして晴れやかな気持ちで空を見上げていたのではないかしら。おだんごをほおばって、笑顔でお茶を飲みながら。

鐵砲洲稲荷神社
東京都中央区湊1-6-7
地下鉄八丁堀駅B4出口から徒歩５分

村人総出で
土を盛り続けて15年！
# 荒幡富士（どろっぷじ）　あらはたふじ
埼玉県所沢市

訪れたその日、荒幡富士保存会の方たちが、荒幡富士周辺の草刈、植え木の剪定などの整備作業をされていました。緑に包まれた堂々たる円錐形の山容。ツツジやヤマユリが咲く季節は緑にオレンジや白が映えてとても鮮やかです。

「どろっぷじ」。今回の山名探訪。行きたい！　と思った「フック」はこのニックネーム。地域の人から親しみを込めてそう呼ばれてきたという富士塚は、富士講を基盤とする富士塚とは異なる経緯をもっています。素朴なその愛称に惹かれ、会いにいきたくなったのです。

作業を終えたみなさんとお弁当を食べながら、その成り立ちについてうかがいました。

明治までここ荒幡村（現所沢市）には、集落ごとに四つの鎮守の神社と村の総鎮守の浅間《せんげん》神社がありました。浅間神社には小さな塚があり、この塚を人々は元富士と呼んでいたそう

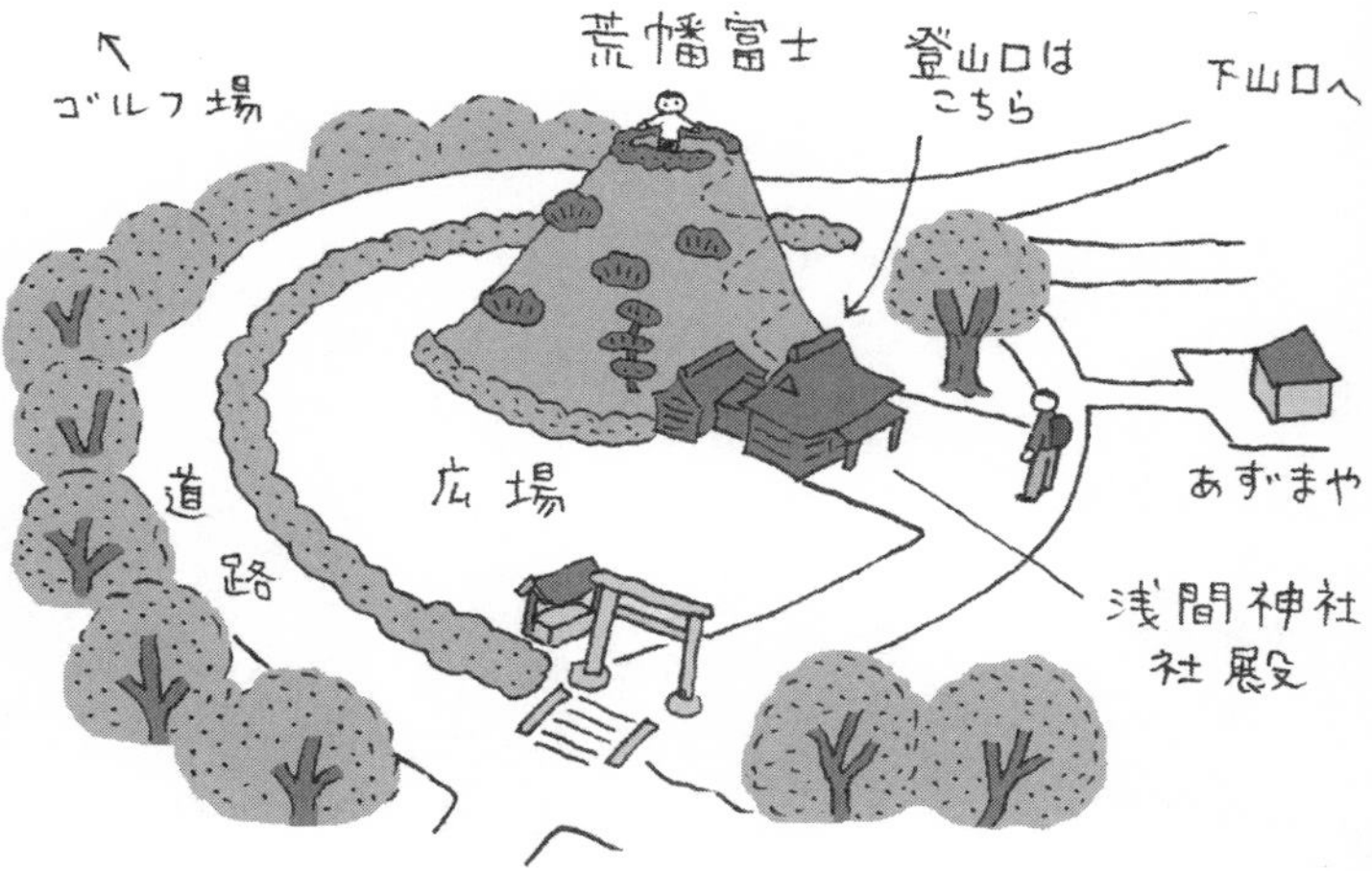


です。明治政府による神仏分離令、一村一社の制定で、1881（明治14）年四社を統一するため、村社の浅間神社に合祀し現在の場所に遷しました。それならば、もっと高い富士山をつくろうと村人が集ったのです。

1884（明治17）年から15年間、当時100戸余あった村人総出、のべ1万人の村人が手作業で、ザルなどの道具を使い土をひたすら盛る。そうか。だから「どろっぷじ」……。「結婚して村を離れた女性も里帰りのときに参加したそうだよ。農閑期にね」とは、保存会現会長の内野幸雄さん。1940（昭和15）年のお生まれ。集まっていたメンバーの方それぞれが、当時の様子を実にリアルに少し誇らしそうに教えてくださる。

「戦後の混乱期、だれも手がつけられなくて荒幡

山頂
文句なしの
展望です
新
旧
五合目
五合目
九合目
七合目
五合目
一合目
五合目にはふたつの合目石
が並んでいる
古いほうは山が崩れ
たとき行方不明になったが
その後、発見されたもの
合祀された各社の
碑が山腹にある
子どものころから
「どろっぷじ」と
呼んで遊んで
ました
澤田章二朗さん

## 荒幡富士

標高119m

1899(明治32)年築造
村民がひとつになって
造りあげた堂々たる
富士の姿

ツツジやヤマユリ、
ワレコウモウなどの
山野草もみられる

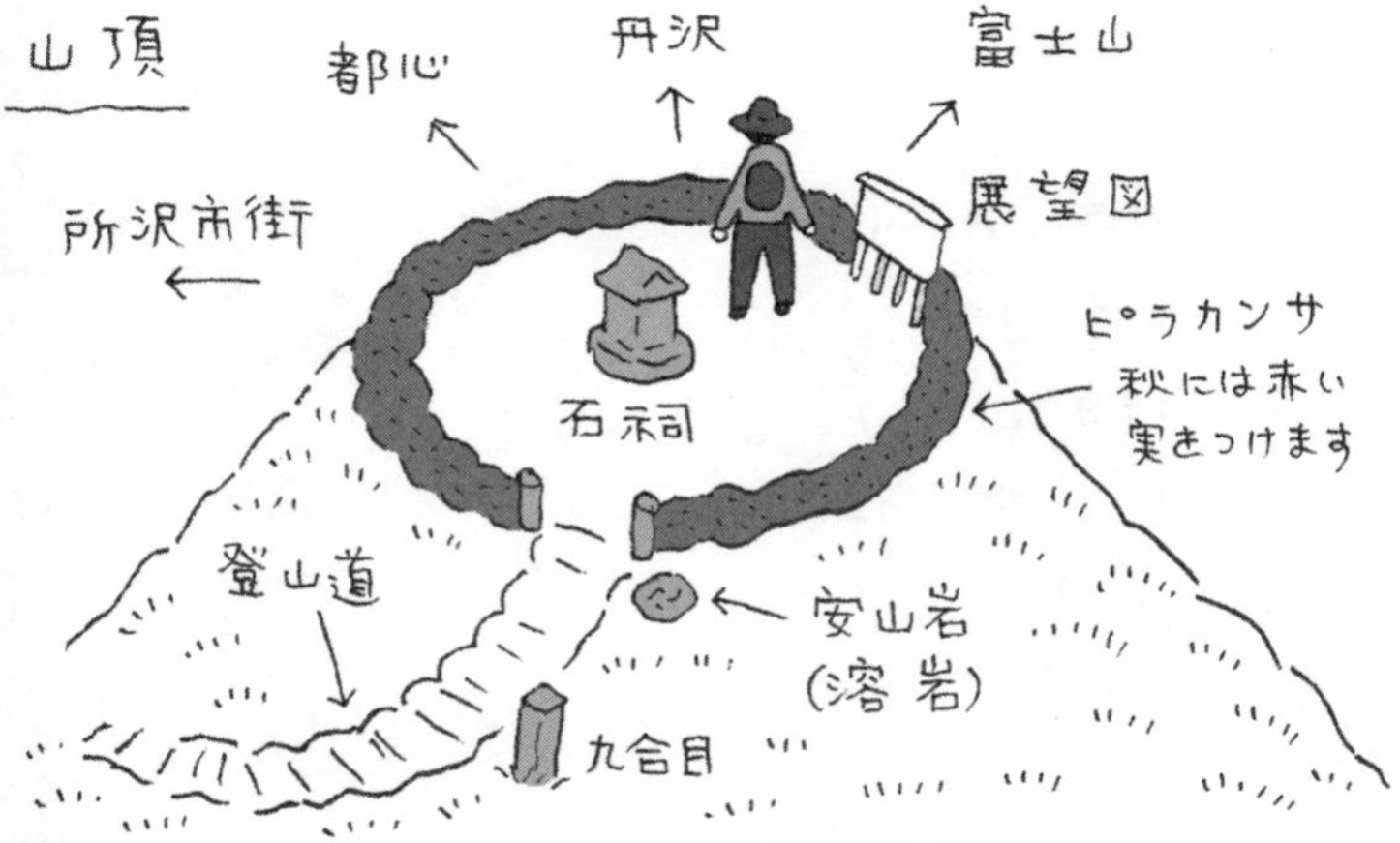


富士も荒れてしまったんです。見かねた地域の人が「荒幡富士を守る会」を発足させました」。1969（昭和44）年に所沢市の有形民俗文化財に指定されたことを受け、同会は「荒幡富士保存会」へ。

「わたしはこれまで18年かかわっています。すぐそこの集落で育ちましたから、子どものころからいつもこの富士山を眺めて、ここであそんでいましたね。みんなどろっぷじと呼んでいました」と、元会長の澤田章二朗さん（1937・昭和12年生まれ）。現在、年に12回ほどの整備活動、登山道の補修などを行っている方々です。

それにしても、明治時代、15年間という膨大な労力をなぜ注ぐことができたのだろう？

「それまで村はちいさな集落に分かれていましたが、これを機にみんなで気持ちを一つにしよう、という思いがあったと聞いています」

なるほど。富士山をシンボルに地域の人が気持ちを一つに、という姿は今も受け継がれています。6月と12月に行われる地域総出の整備活動には、地元の中学校、小学校の先生や児童など多数の人が参加。取材に訪れた2015（平成27）年6月の活動には、この富士山に350人ほどがはりついて整備を行ったそうです。山野草には、刈られないように目印をつけ、草も根こそぎ抜くのではなく、土を抱えてそこに生きていけるよう配慮しながら。

「手入れをしていかないと、自生する山野草もほかの植物に負けて絶えてしまうんです」

歩いたときのやさしい感じ。それはこんなところにわけがあったのです。

「富士山築造にあたって、村人の気持ちを統率する呼びかけ人、指導者がいたのですか？」

「それが、現在でも誰が中心になっての事業だったのかはわかっていないんです」と言って、顔を見合わせて笑う保存会の皆さん。「どろっぷじ」らしいな。誰が呼びかけたのかはわからない。まぎれもなくみんなの気持ちがつくった富士山だ。たぶん、わたしもこれからこの富士山に通ってしまうと思う。それほど気持ちがいい。

鉄砲洲富士と「どろっぷじ」という愛称を持つ荒幡富士、成り立ちも見た目もそれぞれ。だからおもしろい。名前は、山を近づけてくれる。ずっと会いたかった友に会えたときみたいに。

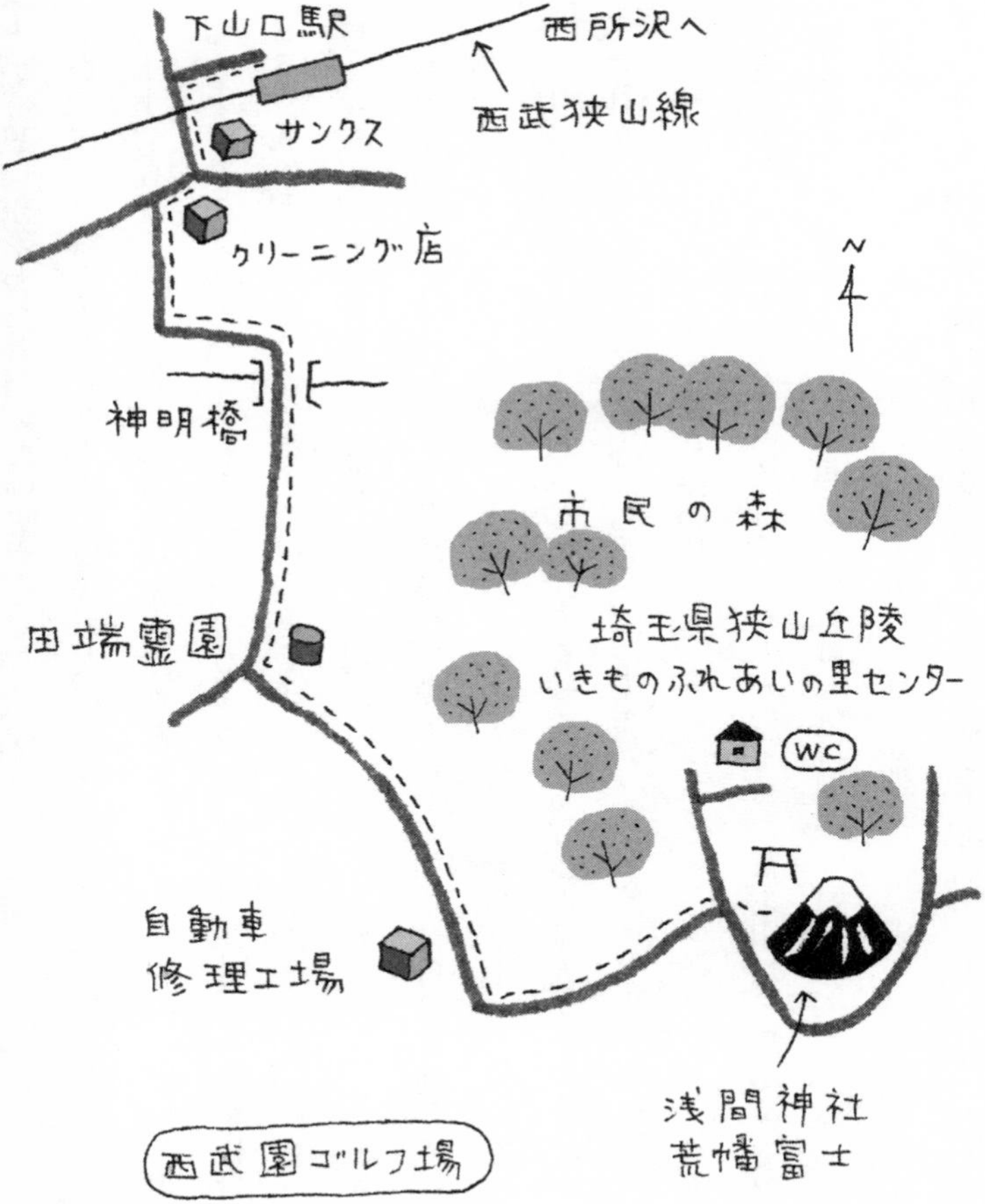


埼玉県所沢市荒幡782
西武狭山線下山口駅から徒歩15分
周辺は荒幡富士市民の森として整備されている。
埼玉県狭山丘陵いきものふれあいの里センターの
開館時間は、9:00〜17:00　月曜休館

第二部

# 全国・素敵&珍山名コレクション

## 個性が光る山名を想像力を駆使して楽しむ

カンカン山にバックリ山、チョキ、ガボッチョ。大根下山《だいこんおろしやま》にカニカン岳、と爆笑というよりも、ぷぷぷ、とほくそ笑んでしまう。そんな山を見つけると「あった♪」と小躍りしてしまいます。第一部で紹介してきたように、日本の山は、信仰、地形、伝説、雪形といった要素を理由に名づけられたものが多いのですが、そうした分け方では説明できない、個性あふれる山名がたくさんあります。

全力を注いで調べても、地名研究家でもないわたしの力及ばずで、地元教育委員会、地元の古老、郷土史家と方々にあたっても、地元の図書館にこもっても、由来にたどりつけた山はそのうちのごく一部。だれからともなく呼び始めて記録はなにもないというのが事実、というところも多いのでしょう。

その一つが、わたしが大注目する霧ヶ峰のガボッチョ（長野県諏訪市／茅野市　1681

m）。文献はもちろん霧ヶ峰自然保護センター、山小屋のご主人、地元はじめ方々をあたりましたが、定説となるものはわかりませんでした。ですが一つ、興味深い説に出会いました。霧ヶ峰の山小屋「コロボックル・ヒュッテ」創設者でエッセイストとしても知られる手塚宗求の著書『山―孤独と夜　小さな山小屋に暮らして』（山と溪谷社）のなかの一節です。「カボッチョは、株丁のことではないか、と私は想像した。丁は偶数の意味があるではないか、切り株のような二つの頂をもった山ではないかと思った。（中略）私の、いわゆる自説である」。ガボッチョではなく、カボッチョと呼んでいる地元の方が多いこともこの説と合わせると合点がいきます。古老は「由来はわからないけど、あの山は願いを叶えてくれると昔からいわれ大切にされていた」と語ってくれました。それを聞けただけでも充分だ、と霧ヶ峰の広い空の下を歩きながら思いました。

全国津々浦々、山また山の日本の山には、日本人の自然観、感性、それに加えてユーモア、大まじめにすっとんきょうな名前をつけてしまう飄々としたところ、生真面目さ、そんなひとくくりにはできない個性が出ているな、と思うのです。鼻毛峠（P173）、月出山岳（P182）の由来を聞いたとき、うーん、なにかに似ていると思いました。このセンスが、なにかに。

わたしが思い起こしたのは、日本の伝統芸能。落語や狂言。それらには自然との交歓、想像力、ユーモアがあふれています。全国で出会った珍山名の名づけセンスにも似たものを感じました。山名にまつわる話は落語の小話そのものです。なかには、つっこみを入れたくなるもの、「ちょっとぉ、そんな理由⁉」というものも。それも全部、おもしろくてたまりません。

次ページから、「素敵&おめでたい山名」、「ぎょっとする山名」、「思わず吹き出す珍山名」「まるでクイズ⁉の難読山名」と勝手にジャンル分けをし、さまざまな個性の山名を、ずらっとご紹介したいと思います。由来がわからなくても、山名を聞くだけで、どうしてこんな名前に？　あー、ここ知ってるなどなど、眺めて、その山の顔や歴史などをあれこれ想像するだけでわくわくします。

想像力を駆使して、その個性をどうぞ楽しんでください。

# 素敵&おめでたい山名リスト

日本語ってきれいだな、と思えるきれいな山、
登るといいことありそうな山に
由来が素敵な山もセレクト。

| 山名 | よみ | 所在地 | 標高(m) | 紹介ページ |
|---|---|---|---|---|
| 親子山 | おやこやま | 北海道上川郡当麻町 | 227 | |
| 霞露ヶ岳 | かろがたけ | 岩手県下閉伊郡山田町 | 514 | |
| 希望峰 | きぼうほう | 長野県飯田市／静岡県静岡市 | 2500 | |
| 君ヶ岡 | きみがおか | 宮城県宮城郡七ヶ浜町 | 59 | |
| くじら山 | くじらやま | 東京都小金井市 | 53 | P142 |
| 恋路山 | こいじやま | 島根県鹿足郡吉賀町 | 984 | |
| 香酔山 | こうずいやま | 奈良県奈良市・宇陀市 | 795 | |
| 思案岳（千夜ノ岳） | しあんだけ（ちやのだけ） | 福島県会津若松市 | 874 | |
| 紫雲山 | しうんざん | 香川県高松市 | 170 | |
| 紫雲出山 | しうんでやま（しうでやま） | 香川県三豊市 | 352 | P144 |
| 思親山 | ししんざん | 山梨県南巨摩郡南部町 | 1031 | P145 |
| 上品山 | じょうぼんさん | 宮城県石巻市 | 466 | |
| 神福山 | じんぷくさん | 大阪府河内長野市／奈良県五條市 | 792 | |
| 翠波峰 | すいはみね | 愛媛県四国中央市 | 900 | |
| 多幸山 | たこうやま | 沖縄県国頭郡恩納村 | 73 | |

| 山名 | よみ | 所在地 | 標高(m) | 紹介ページ |
| --- | --- | --- | --- | --- |
| 多宝山<br>（石瀬山） | たほうざん<br>（いしぜさん） | 新潟県新潟市・<br>西蒲原郡弥彦村 | 634 | |
| 多宝山<br>（お宝山） | たほうざん<br>（おたからやま） | 三重県名張市 | 285 | |
| 誕生山 | たんじょうざん | 岐阜県美濃市 | 502 | |
| 月夜見山 | つきよみやま | 東京都西多摩郡奥多摩町・<br>檜原村 | 1147 | |
| 翼山 | つばさやま | 香川県東かがわ市 | 125 | |
| 手柄山 | てがらやま | 兵庫県姫路市 | 49 | |
| 徳楽山 | とくらくやま | 広島県三次市 | 618 | |
| 虹山 | にじやま | 福岡県北九州市 | 121 | |
| 二十六夜山 | にじゅうろくやさん | 山梨県都留市<br>山梨県上野原市<br>静岡県賀茂郡南伊豆町 | 1297<br>972<br>311 | P145 |
| 花香山 | はなかぐやま | 滋賀県高島市 | 191 | |
| 花香月山 | はなかづきやま | 茨城県東茨城郡城里町／<br>栃木県芳賀郡茂木町 | 378 | |
| 花小袖峰<br>（花小袖長峰） | はなこそでみね<br>（はなこそでながね） | 岩手県二戸市・八幡平市 | 513 | |
| 花咲山 | はなさきやま | 山梨県大月市 | 750 | |
| 花染山 | はなそめやま | 宮城県加美郡色麻町・<br>黒川郡大和町 | 1020 | |
| 春香山 | はるかやま | 北海道札幌市 | 907 | |

| 山名 | よみ | 所在地 | 標高(m) | 紹介ページ |
|---|---|---|---|---|
| 春来峠 | はるきとうげ | 兵庫県美方郡新温泉町 | 420 | |
| 姫髪山 | ひめかみやま | 京都府福知山市 | 406 | |
| 姫御前岳 | ひめごぜんだけ | 福岡県八女市／熊本県山鹿市 | 514 | |
| 富栄山 | ふえいざん | 岡山県苫田郡鏡野町 | 1205 | P146 |
| 星上山 | ほしかみやま | 島根県松江市 | 458 | P146 |
| 星取山 | ほしとりやま | 長崎県長崎市 | 271 | P147 |
| 星祭山 | ほしまつりやま | 岡山県美作市 | 580 | |
| 夢想山 | むそうざん | 福島県郡山市 | 746 | |
| 物語山 | ものがたりやま | 群馬県甘楽郡下仁田町 | 1020 | |
| 山風森 | やまかぜもり | 青森県弘前市 | 70 | |
| 山母森 | やまははもり | 岩手県上閉伊郡大槌町・下閉伊郡山田町 | 807 | |
| 悠久山 | ゆうきゅうざん | 新潟県長岡市 | 115 | |
| 夕立受山 | ゆうだちうけやま | 岡山県備前市 | 210 | |
| 夕暎山 | ゆうばえやま | 北海道芦別市 | 846 | |
| 雪見ヶ岳 | ゆきみがたけ | 山梨県南巨摩郡身延町／静岡県富士宮市 | 1605 | |
| 百合岳 | ゆりがたけ | 長崎県西海市 | 194 | |
| 百合野山 | ゆりのやま | 大分県杵築市・速見郡日出町 | 569 | |
| 夜明山 | よあけやま | 東京都小笠原村 | 308 | |

※イラストは山名の由来にもとづくものではなく、山名からのイメージです。

# くじら山

東京都小金井市　53m

都立武蔵野公園内にあるこんもり山。地形図にも載っていません。くじら山の下には、ひろーい原っぱが広がっています。子どもが自由にかけまわる憧憬の風景。この山をどうしても「素敵山名」に入れたかったのは、都内とは思えない、そのほったらかし加減が素敵すぎるから。そして、強い意思を持って、くじら山と原っぱを開発から守ってきた歴史があるからです。毎年夏には、大人も子どもも思いっきり遊ぶ、というテーマで市民有志らが行う祭り「わんぱく夏まつり」が開かれます。

くじら山は、公園隣に建つ武蔵野市立南小学校を建築する際に出た土砂を盛ってつくられ、その姿がくじらの背中に似ていることからその名がつけられました。山頂には、しっかりと道標がたてられ、側を流れる野川の風景とともに、子どもたちの遊び場や街の人が集う大切な場として、地域のシンボルとなっています。

そこに長く住む街の人は、「くじら山とくじら山下の原っぱは原風景。この風景がないのは考えられない」と言います。原っぱに浮かぶこんもり山。本当に緑の海を泳いでいるくじらのようで、この風景が、ずっとそのままでありますように、と願うのです。

山頂には きちんと
標識が 立っている
シロツメクサが
たくさん
咲いている
くじら山

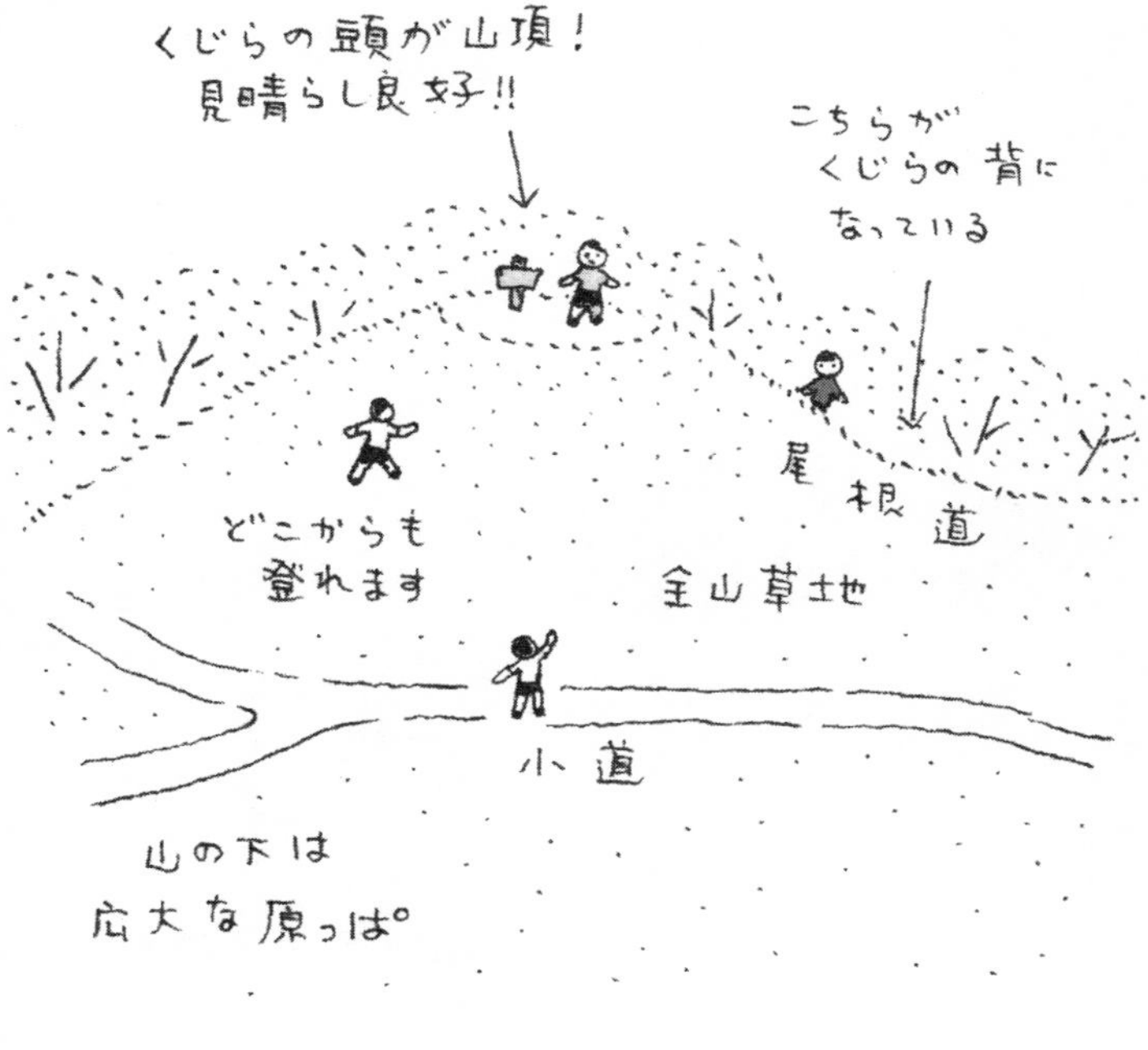
くじらの頭が山頂！
見晴らし良好!!
こちらが
くじらの 背に
なっている
尾根道
どこからも
登れます
全山草地
小道
山の下は
広大な原っぱ

# 紫雲出山

しうんでやま／しうでやま

香川県三豊市　352m

紫雲出山のある荘内半島は、浦島太郎伝説の残る地で、浦島太郎が玉手箱を開けたときに、立ち昇った白煙が紫の雲となってこの山にたなびいていた、ということからついた山名。この山の山頂には、浦島太郎を祀る「竜王社」が祀られ、中腹の「上天」という地名は、浦島太郎が乙姫さまのもとへ昇天したといわれる場所、玉手箱を開けた「箱」という場所などなど、物語が見事に具現化されているのです！　なにより山頂からの多島美の眺めがすばらしくて、行ってみたい！

## 思親山　ししんざん

**山梨県南巨摩郡南部町　1031m**

日蓮聖人が身延山《みのぶさん》（山梨県南巨摩郡早川町・身延町）で修行していたときに、この峰越しにふるさとと房州の父母を偲んだという伝説からついた名前といわれています。12歳のときに親元を離れ、厳しい修行に励む日蓮宗の宗祖ですが、やっぱり人の子、ホームシックにかかったりもするのね、と思わせるお話。

思親山と佐野峠からの富士山の眺望は、国土交通省主催の「関東の富士見百景」にも選ばれ、年に2回、ダイヤモンド富士が見られる山としても知られています。

## 二十六夜山　にじゅうろくやさん

**山梨県都留市　1297m**
**山梨県上野原市　972m**
**静岡県賀茂郡南伊豆町　311m**

江戸時代に庶民の間で盛んとなった「月待《つきまち》信仰」が由来。月待信仰とは十五夜、二十六夜などの特定の月齢の夜、仲間と飲食し月の出を待ち拝むというもの。都留《つる》市のウェブサイトには「この日の夜半の月光に現れる、阿弥陀如来・観世音菩薩・勢至菩薩の三尊の姿を拝むと平素の願いがかなうと信じられ、かつてはこの二十六夜山の山頂で、（中略）月待ちの行事が行われました」とあります。日本人は信仰を娯楽にするのが得意ですね。

## 富栄山《ふえいざん》

岡山県苫田郡鏡野町　1205m

周辺の山塊のなかで最高峰ですが、もともとは地形図にも名前がない無名峰でした。そこで、町が1989（平成元）年に一般公募。そのなかから「富が栄える」という現在の山名がつけられました。

南に位置する、これまた気持ちよさそうな名前の大空山《おおぞらやま》（1104m）と縦走ができ、2山をつなげて歩くとより一層おめでたい気持ちになりそうですよね。富栄山は、名前がついたのを契機に、登山道も整備され、今では人気のハイキングコースとして市民に親しまれているそうです。

## 星上山《ほしかみやま》

島根県松江市　458m

山頂近くには星上寺《せいじょうじ》、星の神様を祀る那富《なふ》乃夜《のや》神社があり、「星の神が降臨した山」といわれています。星上寺には、昔、漁師が暴風に遭って漂流中、この山の上に星光が出て夜の闇を照らし、無事に助かった。翌日山を訪ねると池ができていて、ここに星上寺を建てたという伝説が残っています。現在、この山にはキャンプ場、星座の名のついたバンガローを備えた「星上山スターパーク」があり、星空観察、夜景観賞が人気です。

ほかにも、星祭山《ほしまつりやま》（岡山県美作市）、星峠《ほし》（新潟県十日町市）。星のつく山、惹かれますね〜。

# 星取山《ほしとりやま》

## 長崎県長崎市　271m

　星が手に取れそうなほど、星空がきれいに見えるのかな？　なんともそそられる山名です。この山は以前、大平山と呼ばれていました。1874年（明治7年）、太陽—金星—地球が完全一直線に並ぶ非常に貴重な機会があり、世界中の先進国がこぞってその現象を観測するために観測隊を各国に送りました。当時の天文学は、地球と太陽間の距離が正確に把握されておらず、太陽面上を通過する金星を地球上で観測することによって、天文単位を正確に出せると考えたのです。金星の太陽面通過観測の好適地とされた日本にも、フランス、アメリカ、メキシコなどから天文観測隊が訪れ長崎、神戸、横浜、東京で観測が行われました。

　そのうちアメリカ隊が長崎港東側の大平山（現＝星取山）に観測拠点を定め、これを記念して大平山から星取山に改名されました。ちなみにフランス隊は大平山から南に約5㎞の金毘羅山《こんぴらさん》を観測拠点に。アメリカの観測隊には、日本の写真の開祖といわれる上野彦馬が参加しています。後日、アメリカ隊によって長崎—東京間の経緯度測定が行われ、日本最初の経緯度原点を確定、東京麻布に日本経緯度原点が設けられたのも大きな業績といえるでしょう。

# 思わず二度見
# ぎょっとする山名リスト

登るのをためらってしまいそうな山を集めました。
この山と土地になにがあったのでしょうね。

| 山名 | よみ | 所在地 | 標高(m) | 紹介ページ |
|---|---|---|---|---|
| 悪所岳 | あくしょだけ | 長崎県長崎市 | 506 | |
| 悪婆山 | あくばさん | 長野県須坂市・上高井郡高山村 | 1582 | |
| 位牌岳 | いはいだけ | 静岡県裾野市・富士市・駿東郡長泉町 | 1458 | |
| 裏金山 | うらかなやま | 新潟県糸魚川市・妙高市 | 2122 | |
| 鬼ヶ島 | おにがしま | 兵庫県神戸市 | 580 | |
| 鬼首山 | おにくびやま | 北海道夕張市 | 641 | |
| 鬼刺山 | おにさしやま／おにさしべやま | 北海道中川郡中川町・音威子府村 | 728 | |
| 鬼太郎山 | おにたろうやま | 福島県双葉郡川内村 | 750 | |
| 鬼飛山 | おにとびやま | 岐阜県美濃加茂市・加茂郡川辺町 | 291 | |
| 鬼ノ鼻山 | おにのはなやま | 佐賀県多久市・武雄市 | 435 | |
| 鬼の目山 | おにのめやま | 宮崎県延岡市 | 1491 | |
| 鬼脇ポン山 | おにわきぽんやま | 北海道利尻郡利尻富士町 | 411 | |

| 山名 | よみ | 所在地 | 標高(m) | 紹介ページ |
|---|---|---|---|---|
| 吉凶岳 | ききょうだけ | 北海道空知郡南富良野町 | 1208 | |
| 極寒山 | ごっかんやま | 山口県美弥市 | 386 | |
| 地獄越 | じごくごえ | 滋賀県東近江市 | 220 | |
| 大悲山 | だいひざん | 京都府京都市 | 741 | |
| 稚子ヶ墓山 | ちごがはかやま | 兵庫県神戸市 | 596 | |
| 毒矢峰 | どくやみね | 北海道札幌市 | 885 | |
| 取首山 | とりくびやま | 岡山県津山市 | 440 | |
| 盗人越 | ぬすっとごえ | 群馬県北群馬郡榛東村 | 700 | |
| 盗森 | ぬすともり（とうもり） | 岩手県滝沢市 | 425 | |
| 念佛壇 | ねんぶつだん | 福島県田村市・田村郡三春町 | 511 | |
| 化物山 | ばけものやま | 北海道虻田郡真狩村・留寿都村 | 375 | P150 |
| 肌寒山 | はださむやま | 北海道川上郡弟子屈町 | 698 | |
| 冷氷山 | ひえごおりやま（れいひょうやま） | 和歌山県東牟婁郡串本町・古座川町 | 408 | |
| 人切山 | ひときりやま | 青森県むつ市 | 459 | |
| 人面峠 | ひとづらとうげ | 新潟県三条市・長岡市 | 140 | |
| 人骨山 | ひとぼねやま | 千葉県安房郡鋸南町 | 293 | P152 |
| 貧乏山 | びんぼうやま | 北海道亀田郡七飯町 | 501 | P151 |
| 毒ヶ森 | ぶすがもり（どくがもり） | 岩手県岩手郡雫石町 | 782 | |
| 墓地石山 | ぼっちいしやま | 福島県石川郡浅川町・東白川郡鮫川村 | 580 | |
| 魔王岳 | まおうだけ | 岐阜県高山市 | 2760 | |
| マムシ岳 | まむしだけ | 群馬県多野郡上野村 | 1308 | |
| 喪山（送葬山） | もやま | 岐阜県不破郡垂井町 | 54 | P152 |

# 化物山《ばけものやま》

北海道虻田郡真狩村・留寿都村

３７５ｍ

この山は戦前は、陸軍の演習地として使用されていました。遠くから見ると、小さな丘に見えますが、山中の沢から見上げると、突如として威容な姿を見せるといった話や、その山に入ると方位が狂う、といった説があることから、化物山といわれるようになりました。地元でもよく知られている説だそうです。ちなみに地元、留寿都村役場に尋ねてみましたが、本当に磁石が狂うか調査した人がいたものの、そのようなことはなかったとのことです。

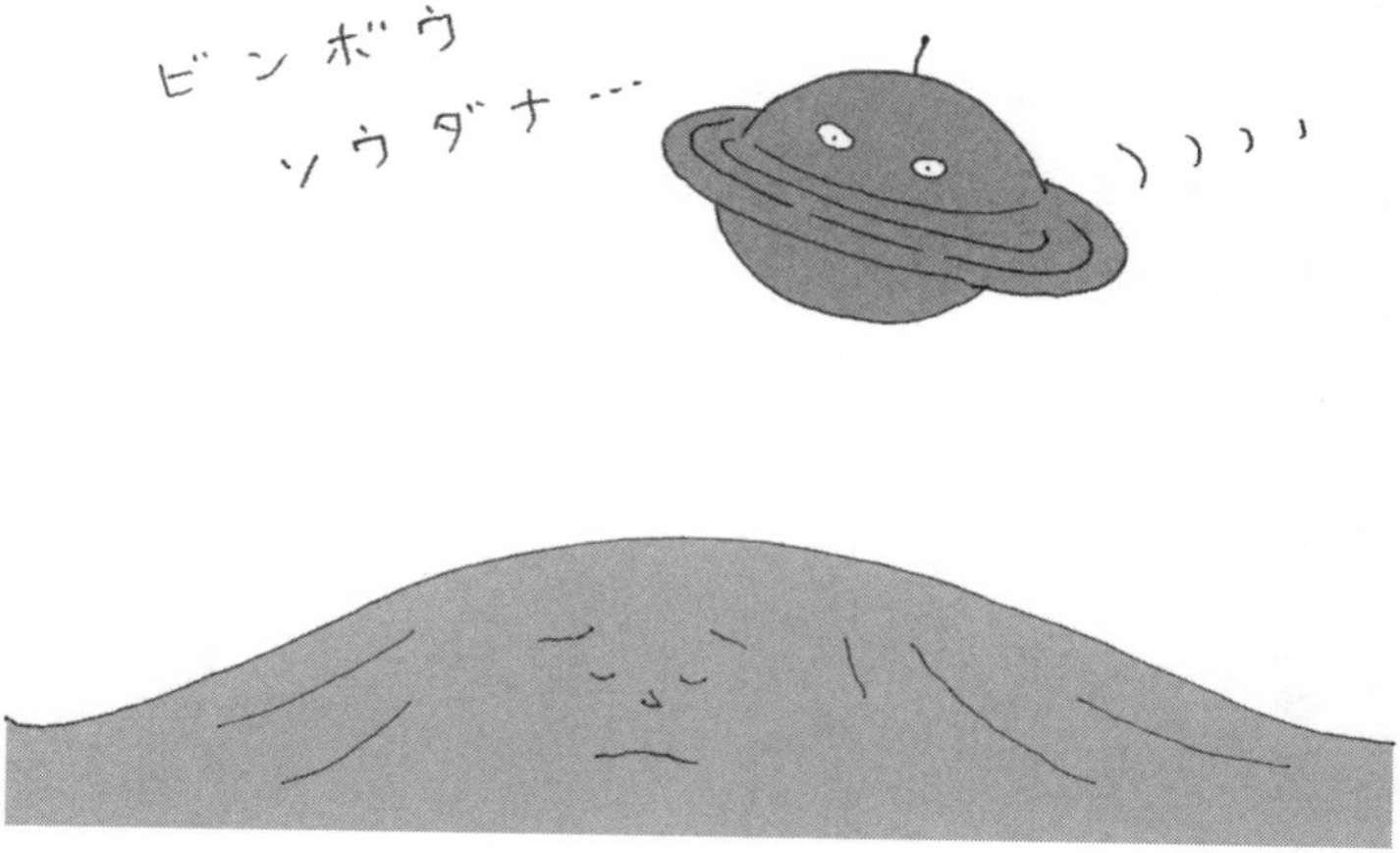


# 貧乏山《びんぼうやま》

**北海道亀田郡七飯町　５０１ｍ**

江戸時代末期、現在の福島県周辺を治めていた相馬藩が、貧乏山付近の開墾にのりだしたものの開墾はうまくいかず、山にもキノコや山菜など糧となる自然資源がなかったことからつけられたインパクト大なお名前。しかし、今では日本でも有数の人工林が育ち、山麓では畜産や花の栽培が盛ん。恵みをもたらす山になっています。貧乏山という名も改名か⁉　さらに、１９７０年代にＵＦＯ飛来地説が巷で流れ、当時の小学生向けの雑誌にもＵＦＯ調査のルポ漫画が掲載されています。個性の強い山の筆頭に挙げられますね。

# 人骨山《ひとぼねやま》

千葉県安房郡鋸南町　293m

諸説ある山名由来の一つは、この山には、鬼が住み、毎年麓の畑集落の若い女性をいけにえにさし出していた、という伝説があり、山は骨でうずまっていたことからというもの。また、古い埋葬の習俗で、遺体を葬る場所と、魂を葬り弔う場所を別にする「両墓制」という古い埋葬習俗がありますが、この山は遺体を埋葬するための第一次墓地だったのでは、という説も。立ち入ってはならない場所としての禁忌を鬼に例えて伝説としたのかもしれません。海の大展望が広がる鋸山《のこぎりやま》と合わせてハイキングに訪れる人も多いそうです。

# 喪山《もやま》

岐阜県不破郡垂井町　54m

『古事記』には、出雲の国にいた天若日子《あめのわかひこ》の喪屋（もや・亡骸を安置する場所）が阿遅志《あじし》貴高日子根神《きたかひこねかみ》に蹴飛ばされて飛んでいった場所が、喪山になったという伝承があります。

天若日子が蹴飛ばされた喪山はどこ？　という説は実は岐阜県内で二説が説かれていて、江戸時代から明治にいたるまで、たびたび論考されています。一つは、美濃市大矢田の一帯。この山には、喪山天神社があり伝承に登場する天若日子が祀られていました（現在は大矢田神社に移転）。もう一つは、不破郡垂井町の喪山古墳（別名葬送山）。ここは、

天若日子命の墓だとも。江戸時代後期に広く一般に知られていたのはこちら垂井説だったようで『木曽路名所図会』には垂井宿の東にある山を喪山と記しています。現在の国土地理院地形図には、垂井町のほうに喪山と記されていて、二説の両地とも、訪れる古代史ファンが絶えないそうです。

それにしても、出雲（現島根県）から岐阜ってすごい距離。蹴飛ばした理由は、阿遅志貴高日子根神が、天若日子によく似ていて、親族が生き返った！　と勘違い。死人と間違われたことに憤慨してということ。『古事記』には、そんなぶっとんだ伝承がたくさん。古代人の想像力は一筋縄ではいかないですね。

# 思わず吹き出す珍山名リスト

ユーモア、愛嬌がたまらない。なぜ、こんな名前になった⁉
おもしろ山名勢揃いです。

| 山名 | よみ | 所在地 | 標高(m) | 紹介ページ |
|---|---|---|---|---|
| 霰ヶ山 | あられがせん | 岡山県真庭市・苫田郡鏡野町 | 1074 | |
| 安全山 | あんぜんさん | 兵庫県丹波市 | 537 | |
| 安堵山 | あんどさん | 奈良県吉野郡十津川村 | 1184 | |
| 一盃山 | いっぱいやま | 福島県郡山市・田村郡小野町 | 856 | |
| 1839峰 | いっぱさんきゅうほう | 北海道日高郡新ひだか町 | 1842 | P162 |
| 鰻轟山 | うなぎとどろやま | 徳島県海部郡海陽町・那賀郡那賀町 | 1046 | P162 |
| 海山 | うみやま | 愛媛県今治市 | 155 | P163 |
| エビス大黒ノ頭 | えびすだいこくのかしら | 群馬県利根郡みなかみ町／新潟県南魚沼郡湯沢町 | 1888 | |
| 大舟小舟 | おおぶねこぶね | 山梨県上野原市 | 850 | |
| オサレ山 | おされやま | 宮崎県西都市 | 1152 | |
| オサンババ(山中山) | おさんばば(やまなかやま) | 岐阜県高山市 | 1631 | |
| お杓母子山 | おしゃもじやま | 埼玉県比企郡鳩山町 | 63 | P164 |
| オゾウゾ山 | おぞうぞやま | 岐阜県大野郡白川村 | 1085 | |

| 山名 | よみ | 所在地 | 標高(m) | 紹介ページ |
|---|---|---|---|---|
| 御茶屋御殿山 | おちゃやごてんやま | 和歌山県和歌山市・岩出市・紀の川市 | 279 | |
| オッカバケ岳 | おっかばけだけ | 北海道斜里郡斜里町・目梨郡羅臼町 | 1462 | |
| オッカブロ山 | おっかぶろやま | 新潟県糸魚川市 | 1480 | |
| おにぎり山 | おにぎりやま | 大分県玖珠郡九重町 | 1083 | |
| オボコンベ山 | おぼこんべさん | 宮城県柴田郡川崎町 | 595 | P166 |
| オマルペ峠 | おまるぺとうげ | 岩手県下閉伊郡岩泉町・田野畑村 | 629 | |
| 面白山 | おもしろやま | 宮城県仙台市／山形県東根市・山形市 | 1264 | P165 |
| 親父山 | おやじやま | 宮崎県西臼杵郡高千穂町 | 1644 | |
| 親山 | おややま | 島根県益田市 | 122 | |
| 折紙山 | おりがみやま | 青森県青森市・上北郡七戸町 | 921 | |
| ガタクリ | がたくり | 神奈川県相模原市 | 860 | |
| 蝸牛山 | かたつむりやま | 秋田県湯沢市 | 1031 | |
| カッパ山 | かっぱやま | 群馬県利根郡片品村 | 1822 | P166 |
| ガラマン岳 | がらまんだけ | 沖縄県名護市・国頭郡宜野座村 | 254 | |
| ガラメキ峠 | がらめきとうげ | 大分県中津市・日田市 | 740 | |
| カラモン峰 | からもんほう | 富山県南砺市／岐阜県大野郡白川村 | 1679 | |
| カルト山 | かるとさん（やま） | 大分県玖珠郡玖珠町 | 1034 | |
| 監視山 | かんしやま | 北海道恵庭市 | 169 | |
| 勘定山 | かんじょうやま | 高知県香美市 | 1334 | |
| 寒陽気山（柿反富士） | かんようきざん（かきぞれふじ） | 岐阜県加茂郡白川町・東白川村 | 1108 | |
| ギボシ | ぎぼし | 山梨県北杜市／長野県諏訪郡富士見町 | 2700 | |

| 山名 | よみ | 所在地 | 標高(m) | 紹介ページ |
|---|---|---|---|---|
| 奇妙山 | きみょうさん<br>きみょうざん | 長野県長野市<br>長野県須坂市 | 1099<br>1629 | |
| 旧美女峠 | きゅうびじょとうげ | 岐阜県高山市 | 940 | |
| 伐株山 | きりかぶさん | 大分県玖珠郡玖珠町 | 690 | |
| ギリギリ山(車山) | ぎりぎりやま(くるまやま) | 岡山県岡山市 | 43 | P170 |
| 麒麟山 | きりんざん | 新潟県東蒲原郡阿賀町 | 191 | |
| くらます | くらます | 鳥取県八頭郡若桜町 | 1282 | |
| 健八流 | けんぱちながれ | 北海道松前郡松前町 | 539 | |
| 洪水森 | こうずいもり | 青森県弘前市 | 785 | |
| 小ズッコ | こずっこ | 兵庫県美方郡新温泉町／鳥取県鳥取市 | 1159 | |
| 御破裂山 | ごはれつやま | 奈良県桜井市 | 610 | |
| 狐狼化山 | ころげやま | 秋田県雄勝郡東成瀬村 | 1015 | P171 |
| ゴロゴロ岳(剣谷山) | ごろごろだけ(けんたにやま) | 兵庫県芦屋市・西宮市 | 565 | |
| サガリハゲ山 | さがりはげやま | 徳島県三好市 | 1722 | P171 |
| 下り山 | さがりやま | 長崎県佐世保市<br>山梨県南都留郡富士河口湖町 | 90<br>1025 | |
| 下山 | さがりやま | 鹿児島県出水郡長島町 | 120 | |
| サワガニ山 | さわがにやま | 新潟県糸魚川市／富山県下新川郡朝日町 | 1612 | |

| 山名 | よみ | 所在地 | 標高(m) | 紹介ページ |
|---|---|---|---|---|
| 四角岳 | しかくだけ<br>(よすみやま) | 青森県三戸郡田子町／<br>岩手県八幡平市／<br>秋田県鹿角市 | 1003 | |
| 少女峰 | しょうじょほう | 和歌山県古座川町 | 170 | |
| 甚吉森 | じんきちもり | 青森県平川市・南津軽郡<br>大鰐町／秋田県大館市 | 800 | |
| 甚吉森<br>(甚平衛森) | じんきちもり<br>(じんべえもり) | 徳島県那賀郡那賀町／<br>高知県安芸郡馬路村 | 1423 | |
| ジンニョム岳 | じんにょむだけ | 鹿児島県鹿児島郡<br>十島村 | 437 | |
| 新百姓山 | しんひゃくしょうやま | 大分県佐伯市／宮崎県<br>西臼杵郡日之影町 | 1272 | |
| 人品頭山 | じんぴんとうやま | 新潟県東蒲原郡阿賀町 | 377 | |
| 西瓜峠 | すいかとうげ | 北海道富良野市 | 406 | |
| 角力取山 | すもうとりやま | 岡山県総社市 | 23 | |
| 背中炙山<br>(背炙山) | せなかあぶりやま<br>(せあぶりやま) | 福島県会津若松市 | 863 | |
| 銭瓶峠 | ぜにがめとうげ | 岡山県岡山市・赤磐市<br>大分県別府市・由布市 | 170<br>330 | |
| 銭壺山 | ぜにつぼやま | 山口県岩国市・柳井市 | 540 | |
| 銭函峠 | ぜにばことうげ | 北海道札幌市・小樽市 | 680 | |
| セビオス岳 | せびおすだけ | 群馬県利根郡みなかみ<br>町・片品村 | 1870 | |
| 仙台カゴ | せんだいかご | 宮城県仙台市／<br>山形県尾花沢市 | 1270 | |

| 山名 | よみ | 所在地 | 標高(m) | 紹介ページ |
| --- | --- | --- | --- | --- |
| 雑誌山 | ぞうしやま | 高知県吾川郡仁淀川町 | 1327 | |
| ゾウゾウ山 | ぞうぞうやま | 岐阜県大野郡白川村 | 952 | |
| ソートルマップ山 | そーとるまっぷやま | 北海道枝幸郡枝幸町 | 298 | |
| 太平洋富士見平 | たいへいようふじみだいら | 静岡県浜松市浜北区 | 203 | |
| ダイラボウ | だいらぼう | 静岡県静岡市 | 561 | |
| 焚火山 | たくひやま | 広島県庄原市 | 622 | |
| 談合峰 | だんごうみね | 福島県大沼郡金山町／新潟県東蒲原郡阿賀町 | 1039 | |
| 談合山 | だんごうやま | 新潟県魚沼市・長岡市 | 580 | |
| タンポ | たんぽ | 岐阜県本巣市・揖斐郡揖斐川町 | 1066 | |
| タンポ山 | たんぽやま | 長崎県長崎市 | 473 | |
| 枕流軒 | ちんりゅうけん | 島根県鹿足郡津和野町 | 370 | |
| ヅーベット山 | づーべっとざん | 佐賀県神埼市 | 729 | P172 |
| 机山 | つくえやま | 長野県飯田市・下伊那郡喬木村 | 610 | |
| 土埋山／境山 | つちうめやま(つちうずめやま)／さかいやま | 福島県耶麻郡西会津町／新潟県東蒲原郡阿賀町 | 696 | |
| 出鼻先山 | でばなさきやま | 新潟県新発田市 | 93 | |
| 天狗角力取山 | てんぐすもうとりやま | 山形県鶴岡市・西村山郡西川町 | 1376 | P172 |
| | | 福島県郡山市・耶麻郡猪苗代町 | 1360 | |
| ドコノ森 | どこのもり | 青森県三戸郡三戸町・田子町 | 804 | |
| 独鈷山 | とっこざん(どっこさん) | 長野県上田市 | 1266 | |
| 土鍋山 | どなべやま | 群馬県吾妻郡嬬恋村／長野県須坂市 | 2000 | |

| 山名 | よみ | 所在地 | 標高(m) | 紹介ページ |
|---|---|---|---|---|
| ドンドラ山 | どんどらやま | 三重県名張市 | 473 | |
| トンナハ山 | とんなはやま | 沖縄県島尻郡久米島町 | 137 | |
| ナッチョ(天ヶ森) | なっちょ(てんがもり・あまがもり) | 京都府京都市 | 813 | |
| 鍋蓋山 | なべぶたやま | 群馬県吾妻郡嬬恋村／兵庫県神戸市 | 1829<br>486 | |
| ナマコ山 | なまこやま | 新潟県妙高市 | 440 | |
| 鯰峠 | なまずとうげ | 兵庫県赤穂市 | 90 | |
| ナメンダラ山 | なめんだらやま | 奈良県宇陀市 | 748 | |
| ニコロ山 | にころやま | 北海道上川郡新得町 | 1019 | |
| 日本国(石鉢山) | にほんごく(いしばちやま) | 山形県鶴岡市／新潟県村上市 | 555 | |
| 寝姿山 | ねすがたやま | 静岡県下田市 | 196 | |
| ノンキ岳 | のんきだけ | 鹿児島県熊毛郡屋久島町 | 1400 | |
| バーガ森 | ばーがもり | 高知県吾川郡いの町 | 145 | |
| 蠅帽子峠 | はえぼうしとうげ | 福井県大野市／岐阜県本巣市 | 960 | |
| 博士山 | はかせやま | 福島県河沼郡柳津町・大沼郡会津美里町・昭和村 | 1482 | |
| バジャ山 | ばじゃやま | 青森県上北郡六ヶ所村 | 515 | |
| ハックリ山 | はっくりやま | 群馬県安中市 | 1055 | |
| バックリ山 | ばっくりやま | 岡山県笠岡市 | 226 | |
| 八匹ノ頭 | はっぴきのかしら | 新潟県五泉市 | 855 | |

| 山名 | よみ | 所在地 | 標高(m) | 紹介ページ |
| --- | --- | --- | --- | --- |
| 鼻毛峠 | はなげとうげ | 新潟県上越市・十日町市 | 580 | P173 |
| 馬糞ヶ岳 | ばふんがだけ | 山口県岩国市・周南市 | 985 | P174 |
| 馬糞森山 | ばふんもりやま | 青森県平川市／秋田県鹿角郡小坂町 | 786 | |
| 腹巻山 | はらまきやま | 宮崎県東臼杵郡美郷町 | 577 | |
| パンケ山 | ぱんけざん（やま） | 北海道中川郡中川町・枝幸郡中頓別町 | 632 | |
| | ぱんけやま | 北海道上川郡新得町 | 541 | |
| 万歳山 | ばんざいさん | 兵庫県丹波市 | 420 | |
| 昼闇山 | ひるくらやま | 新潟県糸魚川市 | 1841 | |
| 昼寝山 | ひるねやま | 香川県さぬき市 | 460 | P175 |
| ぶざま岳 | ぶざまだけ | 沖縄県石垣市 | 321 | |
| 舞台峠 | ぶたいとうげ | 岐阜県下呂市・中津川市 | 690 | |
| 山毛欅潰山 | ぶなつぶれやま | 山形県西置賜郡小国町・飯豊町 | 898 | |
| 風呂塔 | ふろんとう（ふろのとう） | 徳島県三好市・三好郡東みよし町 | 1401 | P174 |
| ブンゲン | ぶんげん | 岐阜県揖斐郡揖斐川町／滋賀県米原市 | 1260 | |
| 弁当山 | べんとうやま | 長野県下伊那郡阿南町 | 981 | |

| 山名 | よみ | 所在地 | 標高(m) | 紹介ページ |
|---|---|---|---|---|
| ポンポン山 | ぽんぽんやま | 北海道川上郡弟子屈町 | 370 | |
| ポンポン山 | ぽんぽんやま | 埼玉県比企郡吉見町 | 30 | |
| マグソ穴ノ峰 | まぐそあなのみね | 新潟県新発田市・東蒲原郡阿賀町 | 1500 | |
| マルツコ | まるつこ | 和歌山県橋本市 | 750 | |
| マルツンボリ山 | まるつんぼりやま | 富山県南砺市 | 1237 | |
| 饅頭峠 | まんじゅうとうげ | 山梨県韮崎市・甲斐市・北杜市 | 1035 | P176 |
| 右山 | みぎやま | 北海道紋別郡西興部村 | 350 | |
| ミノ下げ | みのさげ | 新潟県五泉市 | 672 | |
| 麦粉森山 | むぎこもりやま | 和歌山県田辺市 | 620 | |
| メンズクメ山 | めんずくめやま | 岩手県下閉伊郡岩泉町 | 744 | |
| メンナー山 | めんなーやま | 沖縄県島尻郡伊是名村 | 85 | |
| モックレ山 | もっくれやま | 岩手県花巻市・和賀郡西和賀町 | 901 | |
| モッチョム岳(本富岳) | もっちょむだけ | 鹿児島県熊毛郡屋久島町 | 940 | |
| 籾糠山 | もみぬかやま | 岐阜県飛騨市・大野郡白川村 | 1744 | |
| 役人森 | やくにんもり | 秋田県湯沢市 | 749 | |
| ヤレヤレ峠 | やれやれとうげ | 徳島県海部郡海陽町・牟岐町 | 270 | P177 |

※イラストは山名の由来にもとづくものではなく、山名からのイメージです。

## 1839峰《いっぱさんきゅうほう》

**北海道日高郡新ひだか町　1842m**

1920（大正9）年の測量で標高が掲載された1839mの無名峰を登山者が「いっぱさんきゅうほう」と呼んでいたものがそのまま定着した呼び名。その後の測量で1842mに改定されたものの山名はそのままに。シンプルだけど、呼びやすくてかっこいいと思うのですが⁉

ほかにもありました！「ゴロゴロ岳」（兵庫県芦屋市）。565・6mの標高からこう呼ばれるように。ふざけたな名づけをするんじゃない、とたしなめる岳人もいたそうですが、わたしはこの単純明快さ、好きです。

## 鰻轟山《うなぎとどろやま》

**徳島県海部郡海陽町・那賀郡那賀町　1046m**

この山の南の谷には、巨大なウナギが棲んでいたという伝承があり、ここのウナギを採ってはいけないという言い伝えがあるそうです。この谷には日本の滝百選のひとつ「轟《とどろき》九十九滝《くじゅうくたき》」という滝があるので、ウナギのいる轟滝の源頭の山と考えられます。海陽町には、国内ではめずらしいオオウナギの生息地もあるので、巨大なウナギの伝承も信憑性がありますね。2013（平成25）年10月に大分県日田市で開催された「日本全国難読山名サミット」（P182参照）でも第4位に！

# 海山《うみやま》

**愛媛県今治市　155m**

ド直球な感じが、さりげなくおもしろ山名でツボにはまった例。山だけど、海なんです。写真を見て納得。「海の中に山があるような地形から、つけられた名前」とは今治市波方支所地域教育課のご担当者。山頂に立てば、「海山だねえ」と先人がつぶやいたのではないだろうか、とうなずいてしまうような瀬戸内海、小さな島々を見渡せる絶景が広がります。海山には、その地形を生かして古くは狼煙《のろし》台が置かれていて、別称で「遠見山」とも呼ばれていました。

# お杓母子山《おしゃもじやま》

**埼玉県比企郡鳩山町　63m**

台所道具の山名を見ると、妙に親近感を覚えます。この山は「おしゃもじやま公園」として整備され、展望台からは、秩父の山並みが一望できます。お杓母子山という名前は、麓に「杓子母神・おしゃもじ様」が祀られていることから。子育ての神としても信仰を集めています。杓文字や杓子を祀る風習は日本の民間信仰では各地域にあり、杓子は主婦、女性の象徴とされ、そこから女性の神とする地域の多い山の神と同一視して信仰される事例も多く見られます。生活の糧を授けてくれる山の神と、家庭において、子どもを産み食べ物を分配する長である、という存在が重なったのですね。民俗学者の柳田國男は、『山の人生』、『杓子と俗信』、『おたま杓子』（『柳田國男全集』定本、第四巻筑摩書房）で、日本各地で、杓子を神聖視、山の神に杓子を奉納したり、子育ての神として祀られている事例を集めて紹介しています。

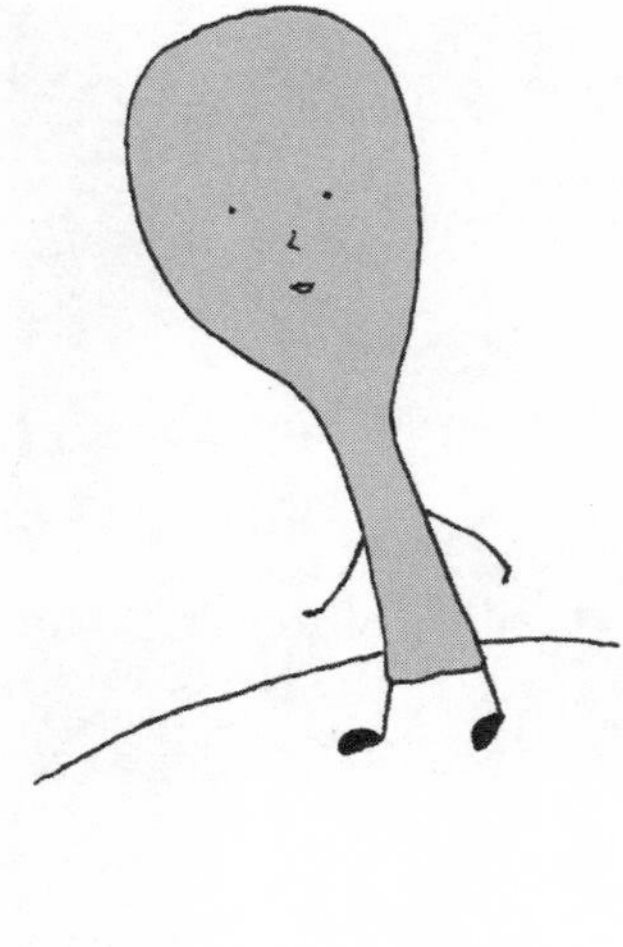

# 面白山《おもしろやま》

**宮城県仙台市／山形県東根市・山形市**
**１２６４ｍ（北面白山）**

積雪時の白い山面に由来するなどといわれる面白山ですが、登山史、民俗学に関して多くの著書をもつ深野稔生著『深野稔生の宮城山遊び山語り　蔵王・二口編』（無明舎出版）に深く納得する考察が記されています。同書によれば、この山名は面白山に源流をもつ立《た》谷《ち》川下流地域で信仰されていた雨乞いの神・面白権現が由来。同氏は、ご神体である磐座《いわくら》を同山源流域の実踏でつきとめています。近年の河川改修、農業の近代化によって信仰は薄れていきましたが、山名でその信仰の姿を残してくれているのですね。さて、では面《つら》が白いところからではないとすると、面白＝おもしろの語源が気になってきます。同氏は北海道にある地名「面白内《おもしろない》」の語源とされる、オ（川尻に）モシリ（島が）オ（ある）ナイ（川）というアイヌ語との関連を説いていいます。一方、山麓の面白山高原駅には、駅名由来が掲げられていて、南面白山山中に滝があり、3本吹き上げるように流れている様子がおもしろい、ということから麓の人々が面白権現と名づけたとか（「わが駅からの散歩道附録駅名ものがたり」仙台鉄道管理局編／せんてつ　による）。うーん、ご神体は滝ではなく滝のそばにある盤座（岩）とつきとめられていますが、面白権現様の名づけ由来は、まだまだ探る余地がありそうです。

## オボコンベ山《おぼこんべさん》

**宮城県柴田郡川崎町　595m**

小さな山ですが、頂上部が鋭利にとがったとんがり山。別称もオボコベ山。産子負《うぶこぶ》山などいくつもあります。山容が、おぼこ（あかちゃん）をおんぶした姥の姿に似ていることからの名づけというのですが、はて？　どうみたら見えるのだろう？　と思っていたところ、アイヌ語で槍の山という意味の「オプーコンプ」が転じたという説がありました。そこで、周辺のアイヌ語由来地名を調べてみると、この山のある「柴田郡」の柴田とは「石が多い土地」を意味するアイヌ語が語源とのことなので、こちらの可能性が高いのでは？

## カッパ山《かっぱやま》

**群馬県利根郡片品村　1822m**

尾瀬国立公園内の元無名峰。その後、その山を名づけたのは探検家で食物生態学者の西丸震哉。長野県木崎湖畔にある西丸震哉記念館ウェブサイトの記述によれば、「1950年頃から、尾瀬周辺を藪をこいで人跡未踏の湿原を探索発見。尾瀬岩塔盆地など命名多数。後半人生のヤブコギ山行スタイルが形成されていく」とあります。その探索で、頂上の火口跡が湿原化、丸く森が抜けたようになっていることからカッパ山と名づけたそう。カッパ山の探索記は、著書『西丸震哉の日本百山』（実業之日本社）に収められています。

# カニカン岳《かにかんだけ》

**北海道瀬棚郡今金町　981m**

さすが北海道！　と叫びたくなる珍山名との一期一会。カニ缶工場が麓にあるため……ではなく、アイヌ語の山。アイヌ語で、「金を採る山」という意味とされています。江戸時代には砂金が採取され、ここで採られた砂金は、日光東照宮を造るのに用いられたという説もあり、五合目付近には金鉱跡が残っています。山開きの日には、町民登山大会も催される地元で親しまれている山で、山頂からの展望も見事。遠く羊蹄山、ニセコ連峰、内浦湾を一望できます。検索すると、やっぱり出ます。カニ缶と一緒のブログ画像。

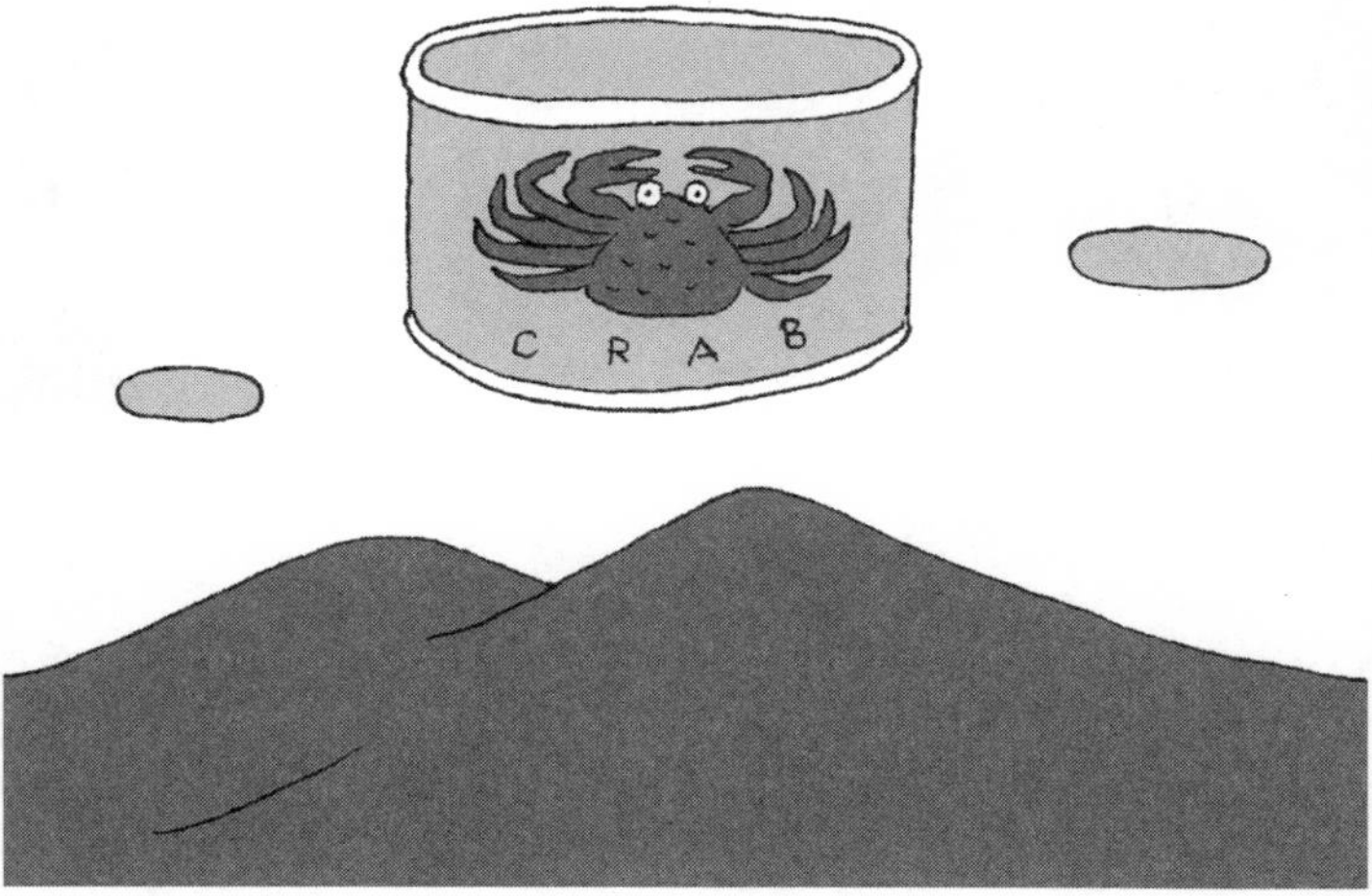

# 北海道おもしろ山名図鑑

北海道は珍山名の宝庫。開拓史当時の生活を感じさせる山名、北海道で見られる動物名、インパクト大の山名集めました。

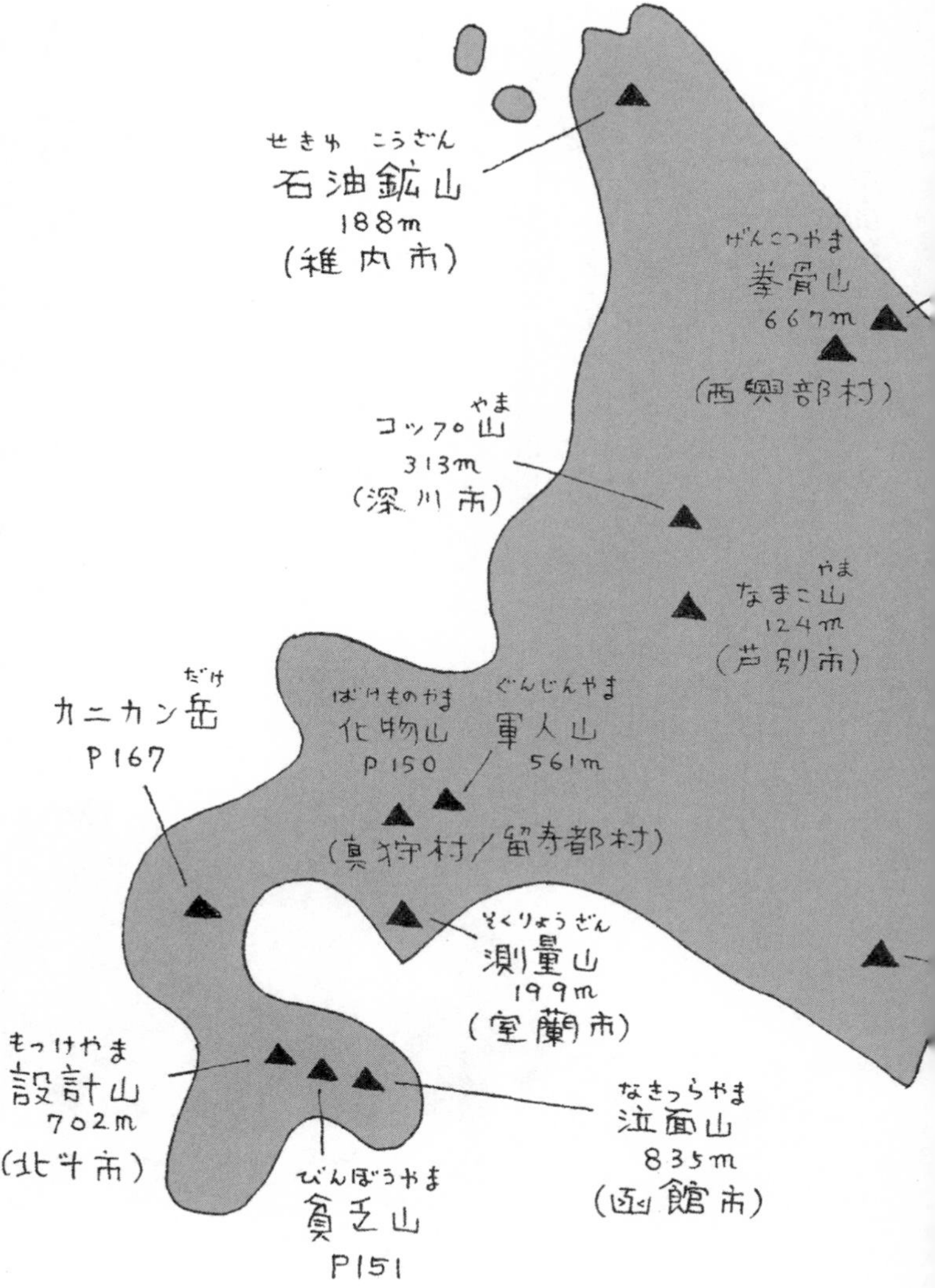

石油鉱山《せきゆこうざん》
188m
(稚内市)
拳骨山《げんこつやま》
667m
(西興部村)
コップ山《やま》
313m
(深川市)
なまこ山《やま》
124m
(芦別市)
カニカン岳《だけ》
P167
化物山《ばけものやま》
P150
軍人山《ぐんじんやま》
561m
(真狩村/留寿都村)
測量山《そくりょうざん》
199m
(室蘭市)
設計山《もっけやま》
702m
(北斗市)
泣面山《なきつらやま》
835m
(函館市)
貧乏山《びんぼうやま》
P151

# ギリギリ山《ぎりぎりやま》（車山）

**岡山県岡山市　43m**

国指定史跡の「尾《おの》上《え》車山《くるまやま》古墳」の別名、ギリギリ山古墳ですが、地元ではギリギリ山と呼ばれることも多いとか。この古墳は、全長約１３５ｍ、古墳時代前期の大型前方後円墳。現在は裾野は市街地になっていますが、古墳がつくられた時代には、その山裾ギリギリまで海が迫っていたことからつけられたといわれています。また、同心円状につくられた墳丘をつむじに見立て、つむじを岡山弁でギリギリということから、という説も。ともに納得できる所以で、やはり尾上車山よりも、ギリギリ山と呼びたくなりますね。

## 狐狼化山《ころげやま》

秋田県雄勝郡東成瀬村　1015m

ヤセ尾根で転びやすい坂だから、狐や狼が化けて出る坂だから、との説がありますが、三角点名は「ころんげ」。江戸時代後期の旅行家で博物学者の菅江真澄《すがえますみ》は、「秋に鳴くこおろぎの背のような坂であることから」と『駒形日記』に記しています。こおろぎの背中に形容してしまう江戸の人々の感性にもびっくりですが、その真偽は不明。狐や狼が、ヤセ尾根を転がりながら下っていく様子を想像すると楽しく、どっちにしても難読。こおろぎ、ころんげ、ころげ、どれが正解かは不明ですが、この漢字をあてたセンスにも拍手。

## サガリハゲ山《さがりはげやま》

徳島県三好市　1722m

これまた相当な山名です。生え際がどんどん後退していって、どんどんおでこが広がるように、灌木の斜面が崩壊して、はげた斜面が広がっているのかしら……と深読み。三好《みよし》市教育委員会によれば、「隣にある矢筈山《やはずさん》山頂からの尾根を南へ下っていった場所の岩があるピークということからつけられた山名といわれています」とのこと。

ネットにアップされている山行記録を見ると、はげ山ではなく、雑木林が広がった山のようですが……、昔は違った様相だったのでしょうか?

## ヅーベット山　づーべっとさん

佐賀県神埼市　729m

チベットの山？　ネパールヒマラヤ？　とでも思いたくなる響き。いえ、佐賀県北部背振《せふり》山地の山の一つ。『神埼郡村史』には「胴別当山」と表記されており、「どうべっとう」が、ヅーベットと転訛したのだろう、といわれています。別当とは、律令制度の下の地位をあらわす言葉で、後に職務を統括、指揮する役所名全般、また神仏習合における仏教側の役職（別当）とその人が住んでいた場所、仏閣をさします。ですが、胴別当とはどんな意味？　ということも含め、いまだ謎多き山名です。

## 天狗角力取山　てんぐすもうとりやま

山形県鶴岡市・西村山郡西川町　1376m
福島県郡山市・耶麻郡猪苗代町　1360m

天狗のつく山はとても多く、全国で100以上。山形県の天狗角力取山は、山頂部の砂礫地を天狗の土俵に見立てたことから。毎年正月に、天狗達が飛来して集まり、京の鞍馬から招いた天狗が行司を務めて、スモウを取り合い、その後に餅をついて食べたという伝承があります。福島県のほうは、山頂からの尾根に「天狗のはげ」と呼ばれるガレ場があることから。天狗は相撲好きのようで、福島県伊達市の霊山《りょうぜん》（825m）はじめ、日本各地に「天狗の相撲場」という地名があります。

# 鼻毛峠《はなげとうげ》

**新潟県上越市・十日町市　580m**

付近には、鼻毛の池、鼻毛の池キャンプ場、鼻毛清水と鼻毛地名が満載のエリア。鼻毛峠にはしっかりと石碑が建っていて、由来の説明もされています。石碑の表記は「鼻蹴峠」。その記述によれば、この峠は古くから上越地方と魚沼地方を結ぶ街道で、人々の往来も多かったそう。戦国時代には、上杉家の軍道としても使われていて、前を行く人馬に鼻を蹴られるほど傾斜のきつい坂道だったことからつけられました。かつては鼻蹴峠だったものが現在は鼻毛と表記され、知名度があがったことはまちがいなしですね。

## 馬糞ヶ岳　ばふんがたけ

### 山口県岩国市・周南市　985m

馬糞というお名前も、かなり…ですが、別名が登山口の秘密尾《ひみつお》という平家落人伝説の残る集落名から来ていると思われる「秘密《ひみ》ヶ岳《たけ》」。こちらも謎めいていて興味深い山。由来にはいくつかの説があって、集落から見た山容が馬糞に似ている、平家の残党の軍馬の糞で山の形ができたというもの、山中に馬糞の形をした地衣類があるというもの。が、平凡なななだらかな三角形の山容です。青森県平川市／秋田県鹿角郡小坂町には、馬糞森山が（786m）。馬と人が近しい存在だった＝馬糞もいつも暮らしのそばにあった、という証拠⁉

## 風呂塔　ふろんとう／ふろのとう／ふろんと

### 徳島県三好郡東みよし町・三好市　1401m

諸説ある由来の一つは、この山の付近にかつて鉱山があり、風呂とは製錬するための炉に風を送り込む「フイゴ」から。製錬で出たくずが高く積まれた様子を塔に例えたというもの。はて、フイゴ＝ふろ？　そこで、風呂地名の語源にも注目。柳田國男の論考「風呂の起源」には、神聖な森に風呂がつく地名の例が挙げられ、フロはムロと同じで窟、岩屋のこと。『民俗地名語彙事典』（谷川健一編／三一書房）にも、フロは「籠る所」、もともと神のいます所を意味するとあります。製錬に信仰はつきものなので、関連があるかも…。

# 昼寝山《ひるねやま》

**香川県さぬき市　460m**

のんきな名前に「いいね！」をポチっとしたくなる山名。山頂にお昼寝にぴったりの草原でも広がっていそうなイメージですが、ここは戦国時代の武将・寒川氏が城主を務めたお城が築かれていた山で、その名も「昼寝城」。戦時であっても昼寝をしていても大丈夫だ、という意味から名づけたという説が有力です。それほどにここが「天然のすぐれた要塞」を形作っていたということですね。旧長尾町教育委員会設置の案内板によれば、周辺には古代の信仰集団の存在や鉱物資源を求める工人集団の存在を示す遺構があるそうです。

# 饅頭峠《まんじゅうとうげ》

## 山梨県韮崎市・北杜市・甲斐市　1035m

昔、饅頭を売っていた茶店でもあった峠かしら？　と単純に思っていたのですが、そうではなく「饅頭石」という鉱石が採れる峠。

場所は『日本百名山』を著した深田久弥が没した地として知られる茅ケ岳《かやたけ》の麓です。饅頭石とは、直径1〜4㎝、球状もしくは楕円形状をしていて、黄褐色の石の中に黒や淡い黄色などの石があって、まさに黒餡と白餡のおまんじゅうにそっくりなのです。

饅頭峠に立つ説明板には、「昔、甲斐の国を巡杖《じゅんじょう》した弘法大師が峠の茶屋の老婆に饅頭がほしい、と言ったところ、『これは石の饅頭だから食べられない』うそをついた。大師が去った後、饅頭はみんな石ころに変わっていた」という伝説が記されています。近くを訪れた際、北杜《ほくと》市明野《あけの》でつくられている「茅の石まん」という、こちらは饅頭石を模したおまんじゅうが、ＪＡの農産物販売所で売られていて、素朴な見た目と栞《しおり》に書かれた説明が読みたくて、即買い。饅頭峠の説明がていねいに綴られていました。個人の生産者さんが開発した商品だそうで、問い合わせしたところ、現在は「茅の石まん」は、販売していないとのこと。饅頭石は、鉱石マニアにとっては、鼻血が出るほど大人気の石だとか。

（＊標高は饅頭峠北東にある三角点＝〈饅頭峠〉の数値）

# ヤレヤレ峠《やれやれとうげ》

**徳島県海部郡海陽町・牟岐町　270m**

この峠には「ひこじいさんのトンネル」と呼ばれるトンネルがあるのですが、二つの町の町史・郷土史にそのいわれがあります。炭焼きをしていた人が、獣の声を聞いて化物が出たと思って一目散に逃げ、「やれやれ、助かった」と言ったことからつけられた名前だとか。トンネルが開通するまでは、深い山道を登り下りしなければならず苦労も多くまさにやれやれだったのですが、1951（昭和26）年から2年をかけ山西彦太郎が中心となって、人力でンネルをつくりました。トンネル名は敬意を表してつけられたのですね。

# 読めるかな？<br>難読山名　看板コレクション

ほんとにあるんだ！　難読山名の看板を集めました。
答えは、次のページから始まるリスト内に。

「万年山」 山開き行事にて。地域で愛されるハイキングコースとなっています（▶P185）

「動山」 違う漢字で同じ呼び方をする山が2山あることも興味深い（▶P181）

「一尺八寸山」 日本難読山名コンテスト1位に輝いた山！（▶P182）

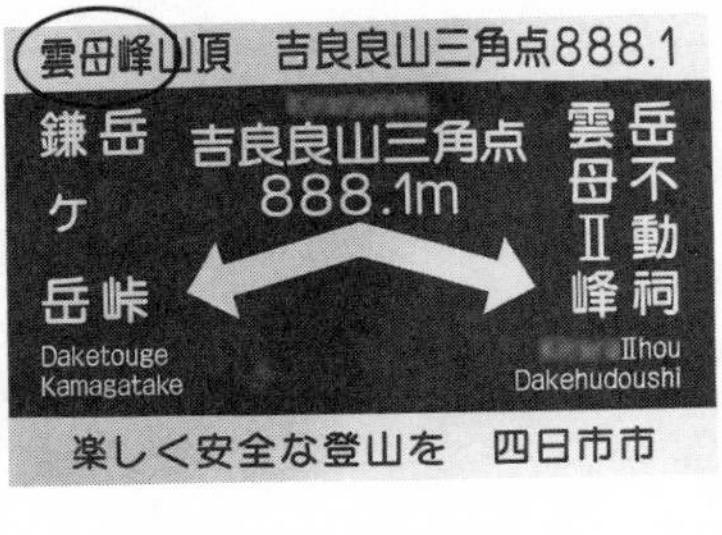


「雲母峰」 付近の沢から黒雲母という鉱物が産出され、その砕片がキラキラ光っているさまからついた和名の呼び名が由来だそう。あ、これヒントです（▶P185）

（写真提供＝小松市／四日市市／玖珠町／日本全国難読山名サミット実行委員会）

# まるでクイズ!? の難読山名

なんて読むの……？ 立ち止まってしまう難解な読みの山。
え!? とフェイントの読みかたの山名も。
皆さんはいくつ読めますか？

| 山名 | よみ | 所在地 | 標高(m) |
|---|---|---|---|
| 朝熊ヶ岳 | あさまがたけ | 三重県伊勢市 | 555 |
| 尼厳山 | あまかざりやま | 長野県長野市 | 781 |
| 石砂山 | いしざれやま | 神奈川県相模原市 | 578 |
| 右左口峠 | うばぐちとうげ | 山梨県甲府市・<br>西八代郡市川三郷町 | 850 |
| ヲモ | うむ | 沖縄県島尻郡渡名喜村 | 145 |
| 大人ヶ凸部 | おおじんがとんぶ | 東京都青ヶ島村 | 336 |
| 往古之木嶺 | おこのきながれ | 青森県つがる市 | 78 |
| 石裂山 | おざくさん | 栃木県鹿沼市 | 879 |
| 越家森 | おっけさもり | 秋田県秋田市 | 827 |
| 岳滅鬼山 | がくめきさん | 福岡県田川郡添田町／<br>大分県日田市 | 1037 |
| 掛牛山 | かけおうじやま | 兵庫県洲本市 | 250 |
| 帷子山 | かたびらやま | 福島県会津若松市 | 681 |
| 後山 | かみやま | 和歌山県日高郡日高川町 | 475 |
| 犂山 | からすきやま | 新潟県糸魚川市 | 751 |
| 上仏来山 | かんぷくやま | 福岡県田川郡添田町 | 685 |
| 木発堂山 | きっぱっどうやま | 新潟県十日町市 | 344 |

| 山名 | よみ | 所在地 | 標高(m) |
|---|---|---|---|
| 牙山 | ぎっぱやま | 長野県北佐久郡御代田町 | 2111 |
| 蜘ヶ家山 | くもがいやま | 鳥取県倉吉市・東伯郡北栄町 | 177 |
| 暗峠 | くらがりとうげ | 大阪府東大阪市／奈良県生駒市 | 455 |
| 芥子望主山 | けしぼうずやま | 長野県松本市 | 891 |
| 濃昼岳 | ごきびるだけ | 北海道石狩市 | 621 |
| 蚕霊山 | こだまやま | 愛知県豊田市 | 435 |
| 米精山 | こめしらげやま | 大分県日田市 | 820 |
| 御望山 | ごもやま | 岐阜県岐阜市 | 225 |
| 志無燈山 | しぶとやま | 新潟県東蒲原郡阿賀町 | 601 |
| 白解森 | しらさばきもり | 秋田県北秋田市 | 915 |
| 清水山 | すずやま | 宮城県栗原市 | 633 |
| 丈競山 | たけくらべやま | 岩手県一関市／福井県坂井市 | 435<br>1045 |
| 高尾下山 | たこぎやま | 香川県三豊市 | 270 |
| 章魚頭姿山(高津子山) | たこずしやま | 和歌山県和歌山市 | 151 |
| 鈩戸山 | たたらどやま | 鳥取県西伯郡大山町 | 515 |
| 多峰古峰山 | たっぷこっぷやま | 北海道千歳市・白老郡白老町 | 661 |
| 江甫草山 | つくもやま | 香川県観音寺市 | 153 |
| 多峯主山 | とうのすやま | 埼玉県飯能市 | 271 |
| 登突山 | ととつさん | 北海道留萌郡小平町 | 353 |
| 百々ヶ峰 | どどがみね | 岐阜県岐阜市 | 418 |
| 西風蕃山 | ならいばんざん | 宮城県仙台市 | 373 |
| 奴可難山 | ぬかなんやま | 北海道名寄市・上川郡下川町 | 784 |
| 捻山 | ねじれやま | 愛媛県西条市・東温市 | 917 |
| 南風見岳 | はえみだけ | 沖縄県八重山郡竹富町 | 425 |

| 山名 | よみ | 所在地 | 標高(m) |
|---|---|---|---|
| 馬主来峠 | ばしゅくるとうげ | 北海道白糠郡白糠町 | 60 |
| 柱岳 | はしらんだけ | 熊本県天草市 | 432 |
| 八斗蒔壇山 | はっとまきだんやま | 長崎県対馬市 | 195 |
| 岬ノ山 | はなのやま | 福岡県北九州市 | 40 |
| 塩生山 | はぶのやま | 香川県三豊市 | 141 |
| 馬鬣山 | ばりょうざん | 富山県下新川郡朝日町 | 291 |
| 丁岳 | ひのとだけ | 秋田県由利本荘市／<br>山形県最上郡真室川町 | 1146 |
| 兵子 | ひょっこ | 山形県米沢市 | 1823 |
| 比礼振山 | ひれふりやま | 島根県益田市 | 359 |
| 敏音知岳 | ぴんねしりだけ | 北海道枝幸郡中頓別町 | 703 |
| 仏庫裡 | ぶっこり | 愛知県北設楽郡設楽町 | 1072 |
| 米飯山 | ぺいぱんやま | 北海道旭川市・<br>上川郡上川町 | 920 |
| 鬼灯山 | ほおずきやま | 秋田県北秋田市 | 706 |
| 母衣月山 | ほろづきやま | 北海道寿都郡寿都町・<br>島牧郡島牧村 | 504 |
| 摩訶衍山 | まかえんやま | 広島県尾道市 | 383 |
| 蟶山 | まてやま | 青森県西津軽郡深浦町 | 841 |
| 三才山 | みさやま | 長野県上田市・松本市 | 1605 |
| 無垢路岐山 | むくろぎやま | 福島県伊達市・<br>相馬郡飯舘村 | 672 |
| 髻山 | もとどりやま | 長野県長野市・<br>上水内郡飯綱町 | 744 |
| 震岳 | ゆるぎだけ | 熊本県山鹿市 | 416 |
| 動山 | ゆるぎやま | 石川県小松市 | 604 |
| 涌出山 | ゆるぎやま | 滋賀県長浜市 | 206 |
| 丁山 | よおろやま | 岡山県浅口市・<br>浅口郡里庄町 | 78 |

山が地域活性化にひと役買いました

# 本当にあった！　難読山名サミット

一尺八寸山、月出山岳……、読めますか？「いっしゃくはっすんやま」、「つきでやまだけ」。いえいえ、この2山。超絶の難読です（読み方は後述しますね）。珍山名としてもノミネートしたいところですが、この2山。同じ市内にあるというのも驚きでした。

そもそも、この2山が注目されたきっかけは1996（平成8）年に遡ります。埼玉県の自然写真家の男性が、当時普及していたパソコン通信のコミュニティで、全国の難読山名を集めコンテストを行う呼びかけをしたこと。全国から229集まった山のうち、地域予選をへて上位3山が決選投票に進み、1位に一尺八寸山（707m）3位に月出山岳（678m）が選ばれたのです。同コンテストの結果は185ページの表の通り。

この難読山名の1位、3位の山が所在する大分県日田市が、2013（平成25）年10月26日～27日、難読山を地域活性化に生かそうと企画、主催したのが「日本全国難読山名サミット」です。

実行委員会事務局長を務めた松尾俊明さんによると、このサミットは、2012（平成24）年7月の九州北部豪雨からの復興を目指した活動の一環。二つの山の登山道を整備し、山の由来を記した看板や道標などを整備、全国の自治体などに参加を呼びかけ、地域活性化を話しあう場を設けたい、と企画されました。

さて、一尺八寸山の由来ですが、獣に田畑を荒らされていたため、代官が狩りを行いイノシシを3頭射とめた。その3頭のイノシシの尾をつなぐとその長さが一尺八寸あったことから、「一尺八寸」と書いて「みおうやま（三尾山）」と呼ばれるようになった」とのこと。

イノシシの尾をなぜつなぐのか、という点はさておき、続いて「月出山岳」の由来。巡幸中だった時の帝、景行天皇が、山から出ている満月を見てその眺めを褒め、「あの山はなんという山か」と尋ねたところ、説明役の久津姫は、「あの山の方向はいずこか」と聞かれているのだと勘違いし、「関東（かんとう）です」と答えました。それ以降「月出山」と書いて「かんとう」と呼ばれたとのこと。

こちらも落語みたいな話で、本書のラストを飾るのにふさわしい由来です。

サミット当日は、二つの山へ記念登山後の27日、九州を中心に全国から集まった自治体によるパネルディスカッションなどを行い、地域活性化をめざした地域づくりへのサミット宣

サミットに合わせて行われた記念登山でタイムカプセルを埋める。一尺八寸山山頂で。難読山名日本一の標識が誇らしげです（写真提供＝日本全国難読山名サミット実行委員会）

言を採択しました。

サミット宣言には、「地域づくりは、熱意と感動そして感謝の連続です」とあります。

難読山名にランキングされてから、長い歳月を経ているのにもかかわらず、大切に、大切に、その自慢の山を生かそうと行動する。そんなふうに大切にされている、落語みたいな（愛をもって例えますが）由来のこの二つの山は、わたしのいつか訪れてみたい山にブックマークされています。ほかの難読山の面々にもきっと落語みたいな話があるんだろうなあ、と想像するだけで、わくわくしたり。

そして、人に会ってみたいのです。わたしのところにある山はね……、と話す顔。由来はこんな話でね……、と笑う顔。その真ん中に山がある。それが日本の山だなあと思うのです。

## 日本難読山名コンテストベスト20

| | 山名 | 読み方 | 所在地 | 標高（m） |
|---|---|---|---|---|
| 1位 | 一尺八寸山 | みおうやま | 大分県日田市・中津市 | 707 |
| 2位 | 爺爺岳 | ちゃちゃだけ | 北海道国後郡留夜別村 | 1822 |
| 3位 | 月出山岳 | かんとうだけ | 大分県日田市 | 678 |
| 4位 | 雲母峰 | きららみね | 三重県四日市市・三重郡菰野町 | 875 |
| 5位 | 岨巒堂山 | しょらんどうやま | 新潟県佐渡市 | 751 |
| 6位 | 阿哲台 | あてつだい | 岡山県新見市 | ＊1 |
| 7位 | 梅花皮岳 | かいらぎだけ | 山形県西置賜郡小国町／新潟県新発田市 | 2000 |
| 8位 | 本富岳 | もっちょむだけ | 鹿児島県熊毛郡屋久島町 | 940 |
| 9位 | 鰻轟山 | うなぎとどろやま | 徳島県海部郡海陽町・那賀郡那賀町 | 1046 |
| 10位 | 後方羊蹄山 | しりべしやま | 北海道虻田郡倶知安町 | 1898　＊2 |
| 11位 | 設計山 | もっけやま | 北海道北斗市 | 702 |
| 12位 | 万年山 | はねやま | 大分県玖珠郡玖珠町・九重町 | 1140 |
| 12位 | 父不見山 | ててみえずやま | 群馬県多野郡神流町／埼玉県秩父郡小鹿野町 | 1047 |
| 14位 | 山毛欅潰山 | ぶなつぶれやま | 山形県西置賜郡小国町・飯豊町 | 898 |
| 15位 | 皇海山 | すかいさん | 栃木県日光市／群馬県沼田市 | 2144 |
| 16位 | 子壇嶺岳 | こまゆみだけ | 長野県小県郡青木村 | 1223 |
| 17位 | 光岳 | てかりだけ | 長野県飯田市／静岡県榛原郡川根本町 | 2592 |
| 18位 | 大根下山 | だいこんおろしやま | 福島県南会津郡只見町 | 1083 |
| 19位 | 行縢山 | むかばきやま | 宮崎県延岡市 | 830 |
| 20位 | 犢牛岳 | こっといだけ | 福岡県田川郡赤村・添田町 | 690 |
| 20位 | 天狗角力取山 | てんぐすもうとりやま | 福島県郡山市・耶麻郡猪苗代町 | 1360 |

※1　500m前後の高原を指す地名
※2　倶知安町の申請により1969年11月国土地理院発行の地形図から羊蹄山に山名変更

まだ会ったことのない
お気に入りの山の名前

伐株山《きりかぶさん》（大分県）
690m

さぁ、今度はどの山へ行こうかな……。

写真提供＝玖珠町

## おもな参考文献・資料一覧


『日本山名事典　改訂版』徳久球雄　石井光造　武内正　三省堂　2011
『改訂　新日本山岳誌』日本山岳会　ナカニシヤ出版　2016
『山名の不思議』谷有二　平凡社　2003
『山の名前で読み解く日本史』谷有二　青春出版社　2002
『山岳信仰　日本文化の根底を探る』鈴木正崇　中公新書
『「モリ」地名と金属伝承―続・日本山岳伝承の謎―』谷有二　未來社　2000
『山の紋章――雪形』田淵行男　1981　学習研究社
『山の神々と修験道』鎌田東二　青春出版社　2015
『日本の霊山読み解き事典』西海賢二　時枝務　久野俊彦　柏書房　2014
『青銅の神の足跡』谷川健一　集英社　1989
『絵解き・謎解き　日本の神仏』川副秀樹　彩流社　2010
『綜合日本民俗語彙　第四巻』民俗学研究所編　平凡社　1956
『飯能市史　資料編Ⅺ　地名・姓氏』飯能市史編集委員会　飯能市役所　1986
『飯能の指定文化財』飯能市教育委員会　1991
『浮世絵画集名刺　待乳山聖天と周辺地域』待乳山本龍院　2014
『東京府史蹟　待乳山』東京府編　洪洋社　1929　国立国会図書館　近代デジタルライブラリーより
『武蔵野及其周囲』鳥居龍蔵　磯部甲陽堂　1924　国立国会図書館　近代デジタルライブラリーより
『地名アイヌ語小辞典』知里真志保　北海道出版企画センター　2004
『アイヌ語地名で旅する北海道』北道邦彦　朝日新聞社　2008
『北海道の登山史研究』高澤光雄　北海道出版企画センター　2011
『東北・アイヌ語地名の研究』山田秀三　草風館　1993
『北海道の地名　アイヌ語地名の研究　別巻』山田秀三　草風館　2000

『アイヌ文化の基礎知識』 財団法人アイヌ民族博物館 草風館 2011
『アイヌ語地名ファンブック』本多貢 彩流社 2005
『お江戸超低山さんぽ』中村みつを 書肆侃侃房 2007
『富士塚考―江戸高田富士築造の謎を解く―』竹谷靭負 岩田書院 2009
『富士塚考 続―富士祭の「麦藁蛇」発祥の謎を解く―』竹谷靭負 岩田書院 2010
『ご近所富士山の謎 富士塚御利益散策ガイド』有坂蓉子 講談社α新書 2008
『富士講の歴史』 岩科小一郎 名著出版 1983
『ふるさと富士名鑑』山と溪谷社編 山と溪谷社 2014
『日本民俗文化資料集成 民俗と地名Ⅱ 民俗地名語彙事典 下』 谷川健一編 三一書房 1994
『角川日本地名大辞典』角川日本地名大辞典編纂委員会 角川書店 1978～1990
『西丸震哉の日本百山』西丸震哉 実業之日本社 1998
『定本柳田國男集 第四巻十四巻』筑摩書房 1968・1969
『シャクシ・女・魂―日本におけるシャクシにまつわる民間信仰』(王秀文：述) 日文研フォーラム 国際日本文化研究センター編 1997

ウェブサイト
苗場山麓ジオパーク http://www.geopark.jp/geopark/naeba-sanroku/
西丸震哉記念館ウェブサイト http://nishimarukan.com/
安来市 鉄の歴史ミュージアム 和鋼博物館 http://www.wakou-museum.gr.jp/
島根の民具100選 しまねミュージアム協議会 http://www.v-museum.pref.shimane.jp/
香川県環境森林部ウェブサイト http://www.pref.kagawa.lg.jp/kankyo/shizen/guidemap/select/suigen/9.htm

ほか、各市町村役場ウェブサイトを参考にさせていただいたほか・各市町村教育委員会などのご関係者に、市町村史はじめ、貴重な資料をご提供いただきました。また、山名などの調査に関しては、武内正さんが収集したデータをもとに編集された『日本山名事典 改訂版』(三省堂)、杉本智彦さん作成の地図ソフト『カシミール3D』を利用させていただきました。

# おわりに

本書では、できるかぎり現地に足を運び、またこれまで歩いたことのある山を中心に取り上げましたが、まだ見ぬ山も多々。執筆にあたっては、各市町村役場、教育委員会、郷土資料館などのご関係者に貴重な資料を提供、ご教示をいただきました。

また「アイヌ語の山・カムイエクウチカウシ山の名づけ」の項では、北海道大学山岳部OB・北大山の会元会長の小泉章夫さん、同会中村晴彦さん、同会米山悟さんに貴重な資料のご提供と、助言をいただきました。これらの方々とのやりとりはとても大きな糧となり、遠く憧れの地である日高の山々をわたしに近づけてくれました。

山岳雑誌の編集部で「山名考」という企画を編集したときのわくわくした気持ち、同誌で連載を担当していた中村みつをさんから教わった、小さな山を歩いて散歩して、「想像をふくらませながら歩くことの楽しさ」。この本は、そんな「山の楽しみ方」を土台に、単にデータとしてではなく、山の顔や個性が見えるように、山を歩き始めたばかりの方にも肩の力を抜いたひとときに読んでいただけるように、と思いながらまとめました。その中村さんと共著という形で本をつくることができ、大変幸せに思います。

的確なアドバイスをくださった実業之日本社の磯部祥行さん、取材・制作にご協力いただいたすべての方々に心より感謝申し上げます。

山の名前をたどる道は、美しい森を歩いているような豊かな時間でした。その森はとても深くてわたしは踏み跡をたどるのに必死。見落としていたり、勘違いをしていたり、異なる説や史実などもあることと思います。どうかそのさいはご教示いただけますと幸いです。

小さな発見で見えてくる新しい風景を楽しみに、これからもてくてくと歩いていけたらと思います。

大武美緒子

名は体を表わすというが、山もそのものズバリといったものがある。代表的なのはトンガリ形の槍ヶ岳。では四角岳なんて山名を目にしたらどうだろう。これは想像がふくらみ気になって仕方がない。おもしろい山名に出会ったりすると、思わず「うまいね！」と膝を打ちたくなる。まだ登ったことがなくても、そんな山名からいろんな想像をしてみるのは楽しいことだ。

本来、名前は両親が生まれてきた子どもに願い込めて名づけるのと似て、山名もそこで暮らす人々の思いが込められたりする。さらに山の場合は多様で、ちょっと尻込みしたくなるものや、笑い出してしまうものまで、たぐっていくと日本全国にひそんでいる。

大武美緒子さんと山名話になったとき「鼻毛峠なんてあるんですよ」なんて真顔で言われると、腹を抱えつつも「どうしてそんな名前がついたんだろう」と探究心に火がついたものだ。個人的には「弁当山」に素直に反応したりして「やっぱりおにぎりが似合うかな」とひとり言。

ほかにも山と呼べないほどの小さな山も選んでみた。とくに都心にあるものはその存在自体が奇跡的なこともあり小粒ながらも内容の濃い山が多い。ビルの谷間の小さな山に登ってみると、いつもと街が少し違って見えた。思いを巡らすと山の楽しみがまた増えた。

中村みつを

**大武美緒子**　（おおたけ・みおこ）／著者

1973年生まれ。フリー編集者・ライター。株式会社山と溪谷社にて登山の専門誌・ガイドブック編集に十余年携わったのち、企業の広報誌・社内報を制作する株式会社産業編集センターをへてフリーランスに。大学で民俗学を専攻、山の文化を訪ねて歩く楽しさを知る。共著に『はじめよう！　山歩きレッスンブック』（JTBパブリッシング）。「子どもと身近な自然をつなげる」をテーマにしたリトルプレス『Letters』編集・発行人。二児の母。

**中村みつを**　（なかむら・みつを）／絵

1953年生まれ。イラストレーター・絵本作家。自然や旅をテーマにしたイラストとエッセイを発表。著書に『東京まちなか超低山 50メートル以下、都会の名山100を登る』（ぺりかん社）、『山旅の絵本』（JTBパブリッシング）、『はっけんずかん・むし』（学習研究社）、『お江戸超低山さんぽ』（書肆侃侃房）、『ビビのアフリカ旅行』（たにがわいちろう＝文　ポプラ社）など多数。江戸の超低山を訪ねるカルチャースクールの講師やアウトドアブランド「mont-bell」とのコラボで、キッズ向けTシャツにイラストを提供するなど、幅広く活動している。

装丁…杉本欣右　　編集協力…上田玲子　　進行…磯部祥行（実業之日本社）

※本書は2015年12月に刊行した『山の名前っておもしろい！　不思議な山名　個性の山名』（大武美緒子著・中村みつを絵／小社刊）を加筆・修正し、新たに刊行するものです。

じっぴコンパクト新書　389

**不思議《ふしぎ》な山名《さんめい》　個性《こせい》の山名《さんめい》**

山《やま》の名前《なまえ》っておもしろい！

2021年9月11日　初版第1刷発行

著　者……………大武美緒子
絵　……………中村みつを
発行者……………岩野裕一
発行所……………株式会社実業之日本社
〒107-0062 東京都港区南青山5-4-30
CoSTUME NATIONAL Aoyama Complex 2F
電話（編集）03-6809-0452
（販売）03-6809-0495
https://www.j-n.co.jp/

本文デザイン・DTP…株式会社千秋社
印刷・製本…………大日本印刷株式会社


ISBN978-4-408-33991-7（第一アウトドア）